코로나와
4차 산업혁명이
만든 뉴노멀

코로나와 4차 산업혁명이 만든 뉴노멀

발행일   2020년 5월 29일

지은이   이종찬(Jay Lee)
펴낸이   손형국
펴낸곳   (주)북랩
편집인   선일영   편집   강대건, 최예은, 최승헌, 김경무, 이예지
디자인   이현수, 김민하, 한수희, 김윤주, 허지혜   제작   박기성, 황동현, 구성우, 장홍석
마케팅   김회란, 박진관, 장은별
출판등록   2004. 12. 1(제2012-000051호)
주소   서울특별시 금천구 가산디지털 1로 168, 우림라이온스밸리 B동 B113~114호, C동 B101호
홈페이지   www.book.co.kr
전화번호   (02)2026-5777   팩스   (02)2026-5747

ISBN   979-11-6539-237-6 03320 (종이책)   979-11-6539-238-3 05320 (전자책)

이 도서의 국립중앙도서관 출판예정도서목록(CIP)은 서지정보유통지원시스템 홈페이지(http://seoji.nl.go.kr)와
국가자료공동목록시스템(http://www.nl.go.kr/kolisnet)에서 이용하실 수 있습니다.
(CIP제어번호: CIP2020021361)

코로나 위기 이후
뉴노멀 시대의 기업 생존 전략

이종찬 지음

코로나와
4차 산업혁명이
만든 뉴노멀

북랩 book Lab

머리말

나는 미국 캘리포니아에 살고 있다. 3월 중순부터 시작된 코로나로 인한 자택 대피 명령을 실행하던 상황에서 4월이 되었다. 4월 18일, 문득 뭔가 아이디어가 번쩍 떠올랐다. 그동안 내가 연구한 4차 산업과 코로나의 트렌드가 반응하여 무언가 뉴노멀[1]을 만들지 않을까 하는 생각이었다.

나는 식품 관련 컨설팅을 하면서 벌써 몇 년째 디지털 노마드로서의 삶을 살고 있다. 나도 4차 산업 시대의 트렌드를 개인적으로 공부하면서 나의 삶도 실험하고 있다. 나의 삶과 일의 형태가 코로나와 4차 산업혁명에 최적화된 삶임을 알았다. 작년에는 4권의 책을 냈다(『게으름의 경영학』, 『성령이 이끄는 경영』, 『4차 산업시대의 크리스천

---

[1] 뉴노멀은 2008년 세계 금융 위기 이후에 등장한 새로운 세계 경제 질서를 일컫는 말이다. 세계 최대 채권운용회사 핌코(PIMCO)의 최고경영자 모하메드 엘 에리언이 그의 저서 『새로운 부의 탄생』에서 금융 위기 이후의 세계 경제 질서로서 뉴노멀을 언급하면서 널리 사용되었다. 금융 위기 이후로 나타나는 저성장, 저물가, 저금리, 높은 실업률 등이 뉴노멀로 논의되고 있다.

일터와 Business As Mission』, 『쉽게 배우는 미국 식품 수출 성공 가이드』).
올해도 책 쓸 일이 있을까 생각했는데 또 기회가 생긴 것이다.

　자택 대피로 좋아하던 골프도 못 치고 시간이 많이 남아서 쓰기 시작했다. 시중에 아직 코로나 관련 서적이 나오지 않아서 뭔가 가이드 같은 책이 필요하지 않을까 하는 생각이 들었다. 나는 전문 작가가 아니라 되려 책을 빨리 쓰는 편이다. 일을 해야 하므로, 원고를 계속 붙들고 있을 수는 없다. 전문 학자도 아니기에 완벽성이 나의 무기는 아니라고 생각된다. 그러나 평소 독서를 좋아하고 짬짬이 읽은 책들을 메모하기 때문에 책 쓰기는 그리 어렵지 않다. 영감이 떠오르면 일필휘지이다.

　이 책은 그렇게 딱 2주 걸려서 쓴 책이다. 책의 완성도보다는 코로나로 고통을 겪는 분들이 조금이나마 그 터널의 끝에서 어떻게 나아갈까를 고민하면서 썼다. 책의 부족함과 빠진 논의들은 지속해서 필자의 이메일로 피드백을 부탁한다.

미국 캘리포니아 오렌지 카운티에서
이종찬(Jay Lee) 드림
2020년 5월 1일

차 례

3

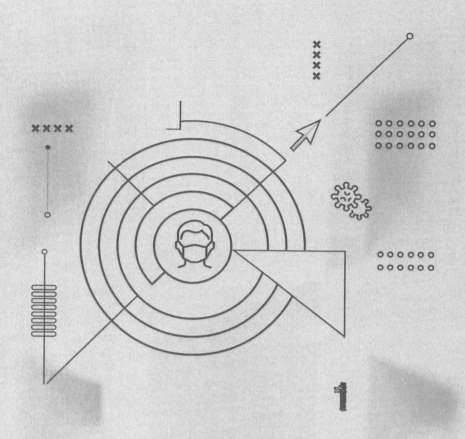

영화가 현실이 된 코로나 팬데믹

　영화 속 소재로 나올 법한 이야기들이 현실이 되는 영화는 주로 공상 SF 영화에서 미래를 예언한 과학의 발달 같은 것을 소재로 한 경우가 많다. 그러나 바이러스의 전파를 소재로 한 영화들도 종종 있다. 〈아웃브레이크(Outbreak)〉나 〈컨테이젼(Contagion)〉 같은 영화도 유명하고 한국의 〈감기〉라는 영화도 그렇다. 이처럼 바이러스 전파를 다룬 영화는 제법 많다.

　하지만 이런 바이러스 영화에 나온 팬데믹이 실제로 이번 코로나바이러스처럼 높은 싱크로율을 보이면서 나타난 적은 21세기에는 처음이다. 그간 사스, 메르스, 신종플루가 있었지만, 치사율이나 전파율이 코로나만큼 심한 적은 없었던 것 같다.

　특히, 영화 〈컨테이젼(Contagion)〉을 보면 영화 속의 바이러스 전파 과정이 코로나바이러스의 전파 과정과 흡사하다. 이 책을 쓰는 저자가 미국에 있기에 공감력이 더해진 경우도 있지만, 뉴욕에서 사람들을 묻을 묘지가 부족해서 땅을 파서 집단 매장을 하는 사진을 보면 전율이 느껴진다.

또한, 미래를 다룬 공상 SF 영화들의 미래도 코로나바이러스 전파와 맞물려서 현실로 다가온다. 4차 산업혁명으로 인해 인공지능(AI), 로봇, 사물 인터넷, 자율 주행 차, 블록체인 기술, 3D 프린팅 등의 기술 발달로 인해서 영화 속에나 나왔던 기술들이 이제는 우리 삶의 패턴을 바꾸고 있다. 점점 사람의 손이 덜 필요해지면서 일자리가 줄어들고 있으며, 기술 및 플랫폼을 가진 자들이 부를 독점하고 양극화가 더욱 심해지고 있다.

진화 생물학자인 재레드 다이아몬드가 쓴 책『총, 균, 쇠』에서는 인류 문명에 큰 전환점을 가져다준 계기로 세 가지를 뽑았다. 그중에서 균으로 인한 인류 문명의 변곡점들은 지금도 진행형이다. 각종 전염병으로 인한 인류의 대규모 위기는 여러 역사의 전환점이 되어 왔으며 이것은 우리가 사는 현재에도 끊임없이 인간에게 고통을 주고 있다.

이런 4차 산업혁명의 기술 발전이 점진적으로 변화를 주고 있는 가운데 코로나바이러스라는 촉매제가 들어옴으로써 변화의 속도는 더욱더 빨라지고 있으며, 향후 몇 년 동안 우리의 미래는 어떻게 변화될지 알 수 없다. 내가 이 책을 쓰는 날을 기준으로 내일도 예측할 수 없으니 아마 이 책을 월 단위로 업데이트해서 출간해야 할지도 모르겠다.

코로나바이러스로 인해서 자택 격리(Lock-down)를 시행하고 있는 나라들이 대부분이다. 이로 인해 많은 사업이 문을 닫았으며 학교는 온라인 수업으로 대체하고 교회 등 종교 기관도 온라인으로 모이고 있다. 이로 인해 우리는 이전에 살아 보지 못했던 삶을 살고 있다. 어떻게 살아야 하는지 답도 없고 미리 고민해서 나온 지침도 많이 없다.

다행히 필자는 2017년부터 홈 오피스(Home Office)에서 근무를 하고 있다. 몇 명의 직원은 재택근무를 시키고 있다. 선견지명이었을까. 지금 우리 회사의 근무 환경은 코로나로 인한 영향이 크게 없다. 그간의 직장 생활 중 출퇴근으로 인한 시간들을 아끼고 가족들과 시간을 보내고 싶은 생각이 더 들었으며 그렇게 아낀 시간으로 내가 하고 싶어 하는 독서, 책 쓰기, 봉사활동 등을 더 할 수 있기 때문이었다. 온라인 근무 환경에 이미 익숙해져 있고 자택 근무 경험이 벌써 4년 차가 되니 삶의 큰 변화를 느끼지 못한다. 또한, 앞으로 기업들이 평생 일자리를 제공하지 못하기 때문에 나 자신의 불확실성에 대한 멘탈 기르기와 창의적 비즈니스를 위해 —참고로 나는 미국에서 식품 관련 컨설팅을 하고 있다— 독서와 사색, 글쓰기를 하고 있었다. 나름대로는 먼저 코로나 전에 매를 미리 맞고 면역력이 생겼다고 할 수 있다.

내가 요즘 많이 연구하고 독서하는 분야는 4차 산업이다. 4차 산업의 도래로 인해서 우리의 삶이 어떻게 바뀔 것이고 앞으로 어떻게 살아야 하는지 고민이 많다. 이것은 나를 위한 고민이기도 하지만, 앞으로 나보다 미래를 더 살아갈 우리 아이들의 고민이기도 하다.

전에 내가 4차 산업에 대한 고민과 얘기를 하면 흥미를 가지고 들는 사람도 있었지만, 대부분은 그냥 먼 나라 얘기로만 들었다. 아직까지 자신들에 삶에서 그 변화를 크게 못 느끼기 때문이었다. 내가 사는 미국이야 변화가 느려서 더욱 그 변화를 느끼기 어렵지만, 가끔 한국에 출장을 가 보면 더욱더 4차 산업의 변화가 보인다.

안 그래도 4차 산업과 미래에 대한 책을 쓰려고 생각하고 있다가 코로나가 터지면서 이제는 그 변화의 속도가 빨라지겠구나 하면서 이 책 또한 속도를 내서 쓰게 되었다(사실은 주말 2일 동안의 원고 탈고를 목표로 작업했다).

2016년경에 미래 창조과학부에서 발간한 『10년 후 대한민국 뉴노멀 시대의 성장전략: 미래전략 보고서』에서 한국의 10대 미래 이슈들을 다시 보니 기후 변화와 자연재해에 대해서도 언급했다. 어느 정도 코로나와 연계한 예측이 맞았다고나 할까.

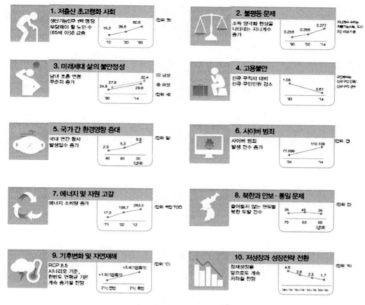

〈10대 뉴노멀 키워드〉[2]

나 다시 돌아갈래!

영화 〈박하사탕〉에서는 설경구 씨가 마지막에 달려오는 기차 앞에서 "나 다시 돌아갈래!" 하면서 영화가 마무리된다. 우리도 다시

---

2 미래창조과학부 미래준비위원회 저, 2016, 『10년 후 대한민국 뉴노멀 시대의 성장전략: 미래 전략 보고서』, 서울: 시간여행.

코로나 이전의 세상으로 돌아갈 수 있을까? 많은 사람이 다시 예전 생활로 돌아가고 싶어 한다. 그러나 이제는 예전과 다를 것이다. 코로나의 재발 혹은 코로나 같은 팬데믹이 더욱 자주 출몰할 것이고, 4차 산업의 여파로 인해 우리는 새로운 환경에서 살 것이다.

우리가 처한 변화와 앞으로 어떻게 살아야 할지에 관한 문제는 우리가 같이 계속 고민해야 할 부분이다. 다만, 나는 이 분야의 대가도 아니고 교수도 아니지만, 혼자 연구하고 특히 누구보다도 4차 산업과 연결된 사회, 경제, 비즈니스, 정치, 종교, 지구 환경에 어떤 변화와 대안을 만들지 고민하고 있다.

나는 현재 미국에 살면서 한 미국 비영리 단체에서 홈리스들의 재활을 위한 'Job For Life' 트레이닝 프로그램의 멘토로 활동 중이다. 이 일을 하면서 느낀 점은 그간 전문가들이 앞으로 인공지능이나 로봇의 인간 대체로 실직이 더욱 많이 생길 것이라 예견해 왔는데, 코로나로 인해서 단기간에 수많은 사람이 실직하는 것을 보면서 이제는 사람을 고용하는 비즈니스 모델이 더욱 탈인간화될 거란 예감이 들었다. 4차 산업과 코로나의 합작으로 우리는 코로나 뉴노멀 시대를 맞이할 것이다.

코로나 기간 동안에는 코로나 이후의 뉴노멀을 준비하고 자택에서 보내는 시간을 유익한 준비 기간으로 활용해야 한다. 구글은 사람을 채용할 때 LAX(LAX는 미국 로스앤젤레스 공항을 이르는 약칭) 테스트를 한다. LAX에서 6시간 동안 같이 재미있게 보낼 수 있는 사람을 뽑는 테스트다. 우리도 집에서 할 수 있는 여러 가지 일을

SNS에 올린다. 요리도 하고, 밭도 가꾸고, 가족들과 보드게임도 하는 등 전에는 미뤘던 일들이다.

이 책 또한 코로나 이후를 준비할 생각의 자물쇠를 여는 도구가 되길 바라며, 책을 읽으면서 떠오르는 아이디어를 적기 바란다(책 맨 뒤에 있는 부록에 기록해도 된다).

역사의 변곡점이 된
전염병들

알렉산더 대왕이 젊은 나이인 32세에 병에 걸려서 죽었다는 역사적인 사실은 너무 허망하게 들릴 때가 있다. 때로는 패기 넘치는 젊은 왕이 어떻게 병에 걸려 죽었나 하는 의문이 든다. 여러 가지 설이 있지만, 웨스트-나일-바이러스(West-Nil-Virus) 또는 말라리아에 감염된 것으로 의심한다. 알렉산더 대왕이 만약에 질병에 걸리지 않았더라면 역사는 또 어떻게 바뀌었을까?

14세기에 유럽에서 발생한 흑사병으로 인해 약 2,500만 명이 사망한 것으로 추정되며 유럽 인구의 1/3이 흑사병으로 사망한 것으로 본다. 이로 인해 봉건 영주들의 노동 자원이 희소해지고 소작농들의 입김이 세지면서 많은 봉건 영주가 파산하게 되었고 이는 봉건 사회가 서서히 무너지는 계기가 되었다. 또한, 병이 퍼지자 많은 사람이 종교에 귀의하면서 사제들에게 기도를 부탁하였으나 이러한 기도 또한 전염병을 피해갈 수는 없었다. 이로 인해 사람들이 절대적인 종교에 대한 복종보다는 의심하는 이성으로의 전환이 일어나며 르네상스의 기초를 다지게 되었다.

16세기에 스페인 정복자 168명이 남미에 도착한 후에 발생한 천연두는 약 700만 명이 살던 잉카 인구의 95%를 사망에 이르게 한 것으로 전해지고 있다. 잉카 제국의 8만 병력도 천연두 앞에서는 속수무책이었다. 만약 천연두가 아니었다면 잉카 제국은 문명의 찬란함을 좀 더 유지할 수 있었을까?

1918년에 처음 스페인에서 발병한 스페인 독감은 최대의 사망자를 낸 사건으로 기록된다. 약 5,000만 명의 사망자를 낳았으며 발병 후 제1차 세계대전을 멈추게 한 원인 중 하나라고 평가받는다. 제1차 세계대전의 전사자가 약 900만 명인 것을 감안한다면 5,000만 명이라는 숫자는 어마어마한 것이다. 스페인 독감으로 미국의 인력 감소가 공장의 설비 투자를 대폭 늘리게 했고, 이로 인해 생산성의 향상과 미국의 경제력이 폭발적으로 증가했다고 전해진다.

그 이후 사스, 메르스, 신종플루로 적잖은 국가들이 홍역을 치렀다. 미국에서는 매년 독감 환자로 약 10,000명이 사망하는 것으로 추정한다. 매년 예방주사를 권고하고 있지만, 매년 독감이 우리의 삶 속에 깊이 들어와서 같이 공존하는 것이다.

앞으로 코로나가 지나간 후의 우리의 삶은 어떻게 변할까? 정치, 경제, 사회, 환경, 교육, 종교 등 우리의 일상은 이미 코로나로 인해서 변해 가고 있다. 우리는 이것을 인정하고 적응해야 한다. 더 고민하고 뉴노멀을 위해서 인간이 더욱 인간답게 사는 방법을 연구하고 실천해야 한다.

이탈리아의 물리학자며 소설가인 파올로 조르다노는 최근 『전염의 시대를 생각한다』라는 책을 출간하면서, "정상적인 일상이 우리에게 허락하지 않았던 '생각의 시간'으로 이 시기를 더 잘 활용할 수 있다. 날수를 세면서, 슬기로운 마음을 얻자. 그리고 이 모든 고통이 헛되이 흘러가게 놔두지 말자."라고 했다. 우리는 코로나가 준 기회를 통해서 현재를 성찰하고 미래를 준비해야 한다.

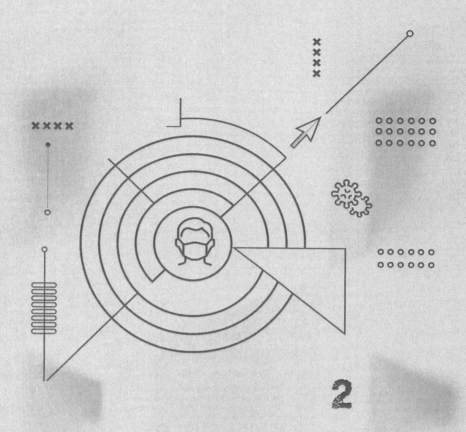

2

코로나와 4차 산업의 뉴노멀들

위험 사회의 도래와
불확실성의 세계

사회학자 울리히 벡은 이미 1986년에 그의 저서인 『위험 사회』에서 현대 사회는 기술과 산업은 발달했지만, 예전과는 다른 종류의 위험 사회의 시대가 도래했음을 알렸다. 기술과 부가 우리 인류를 안정시키고 번영을 주리라는 유토피아적인 낙관론보다는 자연재해, 테러, 금융 위기 등의 아무도 예측하지 못할 일들이 우리의 일상으로 파고들고 있다. 1985년에 사회학자인 위르겐 하버마스는 『새로운 불확실성』에서 급격한 사회적 변화를 '복잡성'이라는 문제의 급진화라고 말한 바 있다. 지그문트 바우만도 현대 사회가 유동적이며 어떤 안정성도 효력을 발휘하지 않는 '유동적' 사회라고 진단했다.

21세기는 세계화와 더불어서 위험화된 세계가 되었다. 세계화로 전 세계가 연결되어 있다 보니 코로나와 같은 질병이 순식간에 전파되고, 테러 같은 위협이 전 세계에 전파되며, 금융 위기가 전 세계를 뒤흔드는 것이 우리의 일상이 되었다.

누가 코로나 같은 팬데믹을 예측할 수 있을까? 예전의 사스, 메르스 때와는 게임이 다르다. 사회학자 지그문트 바우만은 액체 근대론이라는 이론을 발표하여 미래 사회가 불확실성의 사회로 바뀔 것으로 예측했다. 액체는 가볍고 유동적이며 다양한 형태로 구성될 수 있다. 무거운 고체 근대에서 가벼운 액체 현대로 이행한다는 것은 삶의 모든 측면에서 즉시성과 가변성, 관계의 휘발적 속성이 강해진다는 것이다.

21세기의 시대를 'VUCA'나 'RUPT'의 시대라고 규정한다. 'VUCA'는 'Volatile(변동성)', 'Uncertainty(불확실성)', 'Complexity(복잡성)', 'Ambiguity(모호성)'를 나타내는 말로 지금 이 시대를 규정하는 단어이다. 원래는 1987년 미국 육군의 한 리더십 프로그램에서 소개되었던 개념으로써 9·11 테러 이후에 육군의 현대전 양상이 'VUCA'로 인해 리더십을 바탕으로 한 판단 및 결정이 쉽지 않음을 알고 이에 대해 트레이닝을 시키기 위해 생겨난 개념이었다. 그러나 현재는 비즈니스 영역에서도 많이 쓰는 개념이다. 좀 더 자세히 알아보면 다음과 같다.

● Volatile(변동성)
: 코로나 발병 전의 우리의 사업 계획을 생각해 보라. 연말에 각

종의 경우의 수를 대비해 내년도 사업 계획을 만들지 않았나? 그러나 현재 이 시점에서 올해의 사업 계획은 휴짓조각이 되었다. 상황은 언제든지 변할 수 있다.

● Uncertainty(불확실성)

: 코로나가 오면서 우리는 내일을 알 수 없다. 언제가 사망자가 정점일지, 2차 웨이브로 사람이 더 죽을지, 말지, 이로 인한 경기 회복은 언제쯤 이루어질 것인지 알 수 없다. 이는 우리가 기존에 가졌던 선형적인(Linear) 관점과는 다른 큰 변화이다. 기존의 테일러리즘에 기반한 과학 경영은 더 이상 작동하지 않는다.

나심 탈레브의 『블랙 스완』 책의 내용처럼 우리는 2008년 같은 금융 위기 사태를 아무도 예측할 수 없었다. 물론 조짐은 있었지만, 초반에는 사람들이 믿지 않았다. 그런데 이런 불확실성의 사회를 이제는 일상으로 살아야 한다는 것이다.

● Complexity(복잡성)

: 우리는 그동안 과학적인 사고로 교육을 받았다. 사물을 보는 관점에서는 세상을 단순화시켜서 이론을 만들어서 적용했다. 경제 예측이 그렇고 과학이 그랬으며 경영 방식 또한 그랬다. 그러나 이제는 변수들이 너무 많아졌다. 1, 2차 함수로 보던 세상에 대한 이해가 3, 4, 5차 함수의 변수들이 많아져서 점점 복잡해진다. 선악의 구별이 쉽지 않으며 진리라고 생각하는 것이 어떤 때는 맞지 않을

수도 있다.

● Ambiguity(모호성)

: 이거 아니면 저거라는 이분법적 사고로 판단하기엔 상황이 애매 모호하다. 상황 파악이 쉽지 않다. 명확하지 않으니 쉽사리 판단하기가 어렵다.

멀리서 큰 그림을 보지 않으면 상황 판단이 쉽지 않다. 모호한 가운데서 맥을 찾아내는 통찰력이 필요하다. 『월리를 찾아라』에 나오는 그림처럼 언뜻 봐서는 보이지 않는 상황이 많다.

또한, 'RUPT'는 'Rapid(신속한)', 'Unpredictable(예측 불가한)', 'Paradoxical(역설적인)', 'Tangled(엉켜 있는)'의 약자로 현재 시대를 묘사하고 있으며 'VUCA'와 유사한 개념으로 기업 경영에서 현재 상황을 분석하고 전략을 세우는 데 쓰인다. 좀 더 자세히 알아보면 다음과 같다.

● Rapid(신속한)

: 변화의 속도는 급진적이다. 기하급수적이라는 의미는 수학의 개념으로 처음에는 변화의 속도가 느껴지지 않지만, 어느 시점(Tipping point, 급변점)부터는 변화의 속도가 로켓처럼 상승하는 것을 의미한다. 유명한 구글 엔지니어 디렉터인 레이 커즈와일(Ray Kurzweil)은 2,045를 특이점(Singularity)의 시점으로 보고 이 시점이 인

공지능이 인간을 추월하는 시점이라고 예상한다. 지금은 아직 눈에 보이지 않지만, 코로나 같은 변수로 인해서 그 시기가 더욱 앞당겨질 수가 있다.

● Unpredictable(예측 불가한)

: 코로나가 온 후 경기 회복과 주식 재상승 시기를 알 수 없다. 필자가 사는 미국은 아직도 사망자가 줄지 않는 상황이라 코로나가 언제 끝날지, 주식 장이 V자형으로 반등할지, 아니면 U자형일지, L자형일지 알 수가 없다.

● Paradoxical(역설적인)

: 코로나로 인한 현재 상황은 역설적이다. 경제를 생각하면 '자택 격리(Lock-down)'를 빨리 풀어 줘야 할 것 같고, 풀어 주자니 코로나로 사망할 국민이 걱정이다. 트럼프 대통령이 재선을 위해서 경제 제재를 빨리 풀고 싶어도 사람의 생명을 생각하면 쉽지 않은 결정이다. 앞으로의 미래 사회에서도 이런 결정들이 많을 것이다.

● Tangled(엉켜 있는)

: 앞으로의 경기 예측은 너무 복잡하다. 여러 변수가 엉켜 있어서 그 실타래를 풀기가 쉽지 않다. 코로나로 인한 각국의 자국 우선주의와 코로나 퇴치를 위한 국제 공조가 필요하다. 여러 이해관계가 얽혀서 사태에 대한 분석을 여러 각도에서 해야 한다.

행운에 속지 마라

『블랙 스완』으로 유명해진 나심 탈레브는 그의 책 『행운에 속지 마라: 불확실한 시대에 살아남는 투자 생존법』에서 투자 예측이나 계량 경제학에서 쓰이는 투자 이론을 비판한다. 그동안의 수익률과 투자 성공이 내일도 성공하는 것은 아니다. 그동안의 성공은 운일 수 있고, 우리는 사후 편향증에 의해서 운에다 우리가 성공을 이루었다는 정당성의 옷을 입힌다는 것이다.

코로나와 같은 변수가 나오리라고는 아무도 예측하지 못했다. 미국의 경기는 2008년 이후로 10년 이상 호경기를 누리고 있었고, 트럼프의 자신감은 하늘을 찌를 듯했다. 누가 이런 코로나와 같은 일을 예측했을까? 트럼프는 중국에서 확진자가 늘고 있었던 2020년 2월에도 코로나가 미국엔 확산되지 않을 것이라 믿고 있었고, 또한 그렇게 믿고 싶었을 것이다. 2008년도 부동산 폭락 조짐 전에도 부동산 거품과 가열로 인한 붕괴의 예측이 나왔지만 다들 '설마'라고 생각했고 믿지 않았다.

즉, 블랙 스완(까만 백조)이 발견되기 전에는 백조가 다 하얗다는 명제를 믿어 의심치 않는다.

나심 탈레브는 우리의 미래 예측이나 주식 투자를 못된 꼬마의 공 바꿔치기로 비유한다. 우리는 그동안 항아리에서 빨간 공을 뽑을 확률이 항상 같다는 귀납법적인 결론을 가졌지만, 꼬마가 나쁜 마음을 먹으면 빨간 공의 숫자를 바꿀 수 있다. 그러나 우리는 표본이 변하지 않는다고 믿는다. 아니, 그렇게 믿고 싶어 한다. 과거의 통계로부터 귀납된 명제들은 항상 변수가 바뀌면 바뀔 수도 있다는 점을 간과한다.

과거 마르크스주의는 생산 계량화를 통해서 과학적인 방법으로 국가가 자원과 분배를 조절하고 시장을 조절할 수 있다는 자신감으로 시작했지만, 인간의 계획 통제는 천재지변이나 예상외의 수많은 변수를 다 고려할 수가 없다는 한계가 있다. 또한, 자본주의, 특히 미국에서 번성한 금융 자본주의의 금융 공학적인 수학적 예측 수단은 결함이 한두 가지가 아니며 이런 큰 재난과 같은 변수에서는 작동하지 않는다.

철학자 흄은 "백조를 아무리 많이 관찰했더라도 모든 백조가 희다고 추론할 수는 없다. 단 한 마리의 검은 백조가 발견되더라도 이 결론을 충분히 반증할 수 있다."라고 하여 귀납법적인 철학자들과 싸우기도 했다.

골프를 치다 보면 이러한 일이 허다하다. 변수가 너무 많아서 첫 홀에 망했다고 하더라도 후반에 가서 얼토당토않게 버디, 이글을 기록할 수도 있다. 또는 초반에 잘 치다가 막판 후반 홀에서 망할 수도 있는 것이 골프이다. 엄정화 씨의 노래처럼 "몰라, 알 수가 없어."이다.

뉴스에서는 항상 어떤 사건을 두고 '사상 초유의 사건'이라고 한다. 그런데 사상 초유의 사건은 생각보다 자주 일어난다. 우리는 이런 것을 예측하지 못하는 것인가, 아니면 이런 일이 절대로 일어나지 않는다고 믿는 것인가.

카를 포퍼는 『열린 사회와 그 적들』에서 "거짓 입증의 길을 열어 두지 않은 사회 모델은 전체주의다."라고 했다. 열린 사회와 닫힌 사회의 차이 외에, 나는 포퍼로부터 열린 마음과 닫힌 마음의 차이도 배웠다. 이제는 귀납법적 사고의 종말의 시대다. 과거의 통계적 자료나 선형적 사고로는 미래를 예측하기가 점점 어려워진다. 항상 열린 마음으로 예측하지 못하는 것을 인정하고 받아들여야 한다.

4차 산업과
코로나라는 촉매제

한국에서는 몇 년 전부터 4차 산업이라는 단어가 활발히 쓰이고 있다. 미국이나 해외에서는 크게 쓰이고 있지는 않지만, 인공지능 (AI), 로봇, 블록체인, 자율 주행 차들의 기술 발전이 삶에 서서히 미치는 영향은 크다. 그러나 사람들은 그 큰 변화를 아직 느끼지 못하는 경우가 많다. 인공지능이 우리의 일자리를 감소시키고 우리 생활양식에 큰 변화를 준다는 얘기를 그저 공상 영화 속의 얘기로 일축하는 경우가 많았다. 그러나 기술의 변화 속도를 앞당긴 것이 코로나라는 촉매제이다.

비대면 사회의 도래와 인간의 전염병 취약성으로 인한 로봇 및 인공지능을 이용한 업무 자동화, 집 안에서 생활하면서 재택근무로

나타나는 스마트 근무, 원격 진료, 가상현실에서의 오락 생활 등은 지금 우리가 쓰는 기술이 되어 버렸고, 이제는 더 빠른 속도로 진화할 것이다.

코로나로 인한 뉴노멀의 탄생은 4차 산업이라는 기술 혁명의 도구와 함께 우리의 삶을 바꿀 것이다. 이 책에서 얘기하는 대부분의 코로나로 인한 변화는 4차 산업과 연관이 있고, 기술의 발달과 정치적 여건(각국의 보호주의 무역으로의 회귀)과도 연관이 있다. 코로나로 인해서 이러한 변화가 갑자기 하루아침에 일어난 것은 아니며, 코로나는 단지 4차 산업과 각국의 정치적·경제적 환경 변화 속도를 앞당겨 준 촉매제 역할을 하는 것이라고 본다.

지난 2016년에 발간된 보고서에서 미래 10대 신기술로 선정한 것들은 다음과 같다. 이미 시중에는 4차 산업 관련된 보고서와 서적이 엄청나게 많다. 나는 여기서 또 4차 산업에 대해 장황하게 설명하지는 않을 것이다. 다만 4차 산업이 주는 뉴노멀과 우리의 준비에 초점을 맞추고자 한다.

| 개인 맞춤형
헬스케어 서비스 | 현금 없는
금융 서비스 | 무인 네트워크
운송 서비스 | 사물인터넷
재난대응 서비스 | 건강수명
증진 서비스 |

| 전력 충전 서비스 | 그린 에너지
플랫폼 서비스 | 인공지능 만능
전문가 서비스 | 웨어러블 에너지
공급 서비스 | 소셜 러닝 서비스 |

〈10대 신기술 분야〉[3]

비대면 사회,
언택트(Untact) 사회의 도래

코로나의 영향 중에서 가장 크게 일어난 것 중 하나가 사람 간의 접촉으로 인한 감염 때문에 사람을 대면하지 않는 '언택트(Untact)' 사회가 도래했다는 점이다. 산업통상자원부는 오프라인 유통 업체의 매출은 7.5% 감소한 반면에 온라인 유통 업체 매출은 43.3% 증가했다고 발표했고, 통계청의 2월 온라인 쇼핑 동향에 따르면 배달 음식

3　미래창조과학부 미래준비위원회 저, 2016, 『10년 후 대한민국 뉴노멀 시대의 성장전략: 미래 전략 보고서』, 서울: 시간여행.

서비스는 전년 동기 대비 82% 정도 증가했다는 것을 알 수 있다.

코로나를 계기로 재택근무의 확산이 시작되었다. 원거리 근무(Remote work), 또는 미국에서는 홈 오피스(Home Office)라는 개념도 많이 쓰인다. 꼭 회사에 모이지 않아도 업무를 할 수가 있다. 어떤 경우에는 시간과 효율성 면에서 재택근무가 더 좋은 업무도 있을 것이다. 미국 같은 경우에는 워낙 땅덩이가 넓다 보니 집에서 근무하는 문화가 이미 보편화되어 있다. 필자 또한 컨설팅 회사를 운영하면서 홈 오피스에서 일한다. 직원들도 재택근무를 시켜 오고 있다. 내가 오랫동안 재택근무를 해 보니 단점보다는 장점이 훨씬 많다. 그리고 단점 또한 기술적으로 쉽게 극복할 수 있는 것들이다.

재택근무의 장점	재택근무의 단점
1. 출퇴근 시간 절약(하루 1~2시간 절약을 가정하면 일주일이면 5~10시간을 절약할 수 있다), 출퇴근 교통비 절약. 2. 출퇴근 시간 절약으로 공부나 취미 활동, 가족 활동에 시간을 쓰기가 더 쉽다. 3. 출퇴근 에너지 절약으로 가정에 좀 더 충실할 수 있다. 4. 자기가 집중할 수 있는 시간에 유연성 있게 근무하여 업무의 효율성이 높아진다. 5. 사무실 공간이 필요 없어서 부동산 비용이 절감된다. 6. 세수, 화장, 샤워, 옷 갈아입는 시간을 절약할 수 있다. 7. 직장 동료와 수다 떠는 등의 시간 낭비를 하지 않는다. 8. 점심시간을 억지로 1시간 쓰지 않아도 된다.	1. 직접 얼굴을 마주 보고 진행하는 전체 회의 진행이 물리적으로 불가하다. → 요즘은 화상회의로 대체 가능하다. 2. 직원들이 근무를 충실하게 하는지 모른다. → 그러나 이제는 업무 결과로 판단하는 문화로 바뀌어야 한다.

점심값 절약.
9. 가족여행 시에도 인터넷만 있으면 근무가 가능하다.
10. 골프 등 여가생활을 하면서 업무가 가능하다.
11. 사람을 만나는 데서 오는 스트레스가 덜하다.
12. 출퇴근을 하지 않으므로 옷값, 신발값이 절약된다.
13. 출퇴근을 하지 않으므로 세탁비가 절약된다.
14. 출퇴근을 하지 않으므로 탄소 배출량이 저감된다.
15. 출퇴근을 하지 않으므로 화장할 일이 줄어서 화장품값이 절약된다.

이외에도 다양한 장점이 있다.

〈Jay Lee가 보는 재택근무의 장단점〉

나는 인비전(Invision)이라는 디자인 회사가 2011년에 설립되어 현재까지 본사 건물 없이 약 700명의 직원을 거느리며 회사를 운영하고 꾸준히 성장하는 것을 보면서 이 회사를 롤 모델로 삼았다. 아직도 화려한 외형적인 건물에, 멋진 사무실이 있어야 회사같이 보이지만, 미국이나 해외 스타트업 기업들은 실속 위주의 전략으로 가는 경우가 많다. 나 또한 주변에서 사무실을 언제 얻느냐고 하지만, 직원이 계속 늘어나도 사무실을 얻을 생각이 없다. 장점이 이렇게 많은데, 이것을 포기할 수는 없다.

코로나 기간에는 '방콕 경제(shut-in economy)'라는 용어까지 생겼다. 집에서 머무는 시간이 많다 보니 온라인 쇼핑, 재택근무, 온라인 학교, 집 안에서 하는 취미생활 등의 수요가 늘어났다. 미국의 배달 서비스 업체 중 하나인 도어대시(DoorDash)의 "다시는 집을 나설 일이 없다."라는 문구는 섬뜩하기까지 하다.

의	식	주
1. 밖에 나가지 않으니 의류비 감소(파자마면 됨, 신발값도 덜 들어간다). 2. 패션 유행이 따로 없어진다.	1. 식당에 가지 않고 집에서 먹는다(식재료 구입, 밀키트 구매 증가, 텃밭 가꾸기 증가) 2. 건강식 및 면역성 강화식품 수요 증가.	1. 상업용 부동산 수요 감소. 2. 거주용 부동산은 지속적인 수요 발생. 3. 집 안에서 일, 여가생활을 모두 해결할 수 있는 공간의 수요 증가.

〈코로나로 인한 의식주 변화〉

이제는 식당에서 밥을 제대로 먹을 수가 없고, 스포츠 경기가 제대로 열릴 수도 없으며, 종교 시설에도 사람이 모일 수 없다. 사우나, 찜질방도 직격탄이다. 그동안 우리의 일상은 사람을 대면하는 대면적 일상이 대부분이었는데, 이제는 완전한 패러다임 시프트(전환)가 필요하다. 비대면 사회가 도래한 것이다. 물론 코로나가 지나가면 다시 일상으로 돌아갈 수 있을지는 모르겠지만, 2, 3차 코로나 웨이브가 오거나 코로나와 유사한 팬데믹이 발생하는 위험이 일상화되면 어쩔 수 없이 언택트 문화를 우리가 받아들여야 하는 상황, 즉 뉴노멀이 될 수밖에 없다.

최근 온라인 회의 소프트웨어 업체인 '줌(Zoom)'의 주가가 폭등했다. 기존에도 그런 화상회의 소프트웨어는 있었으나 이번 코로나를 계기로 해서 엄청난 수혜를 입은 것이다. 또한, 교육 시장 또한 온라인으로 부득이하게 바뀌어야 하는 상황이 올 수도 있다. 이미 온라인으로 수업하는 대학들이 많이 생겼지만, 코로나를 계기로 해서 온라인 교육의 활성화는 더욱 가속화되고 있다.

온라인 진행 시에는 양방향의 경우도 있지만 일방향으로 진행되는 경우에 파급 효과가 더 클 것이다. 굳이 여러 선생을 둘 필요 없이 유능한 선생님 한 명이면 될 수 있다. 교회에서는 유명한 목사님 한 분이 설교하면 그 말씀을 수백만 명, 수천만 명이 들어도 된다. 이는 기존의 학교나 종교 조직 등에도 치명적일 수 있다.

오프라인 상권은 죽을 것이다. 이미 미국에서도, 한국에서도 오프라인 리테일 시장은 죽어가고 있다. 월마트나 한국의 마트 업계는 울상이다. 그에 반해, 아마존이나 쿠팡은 시장을 점점 확대하고 있다. 코로나로 인해서 그 상황이 더욱더 가속화되고 있다. 온라인 주문이 일상화되어 식품부터 각종 소비재, 차에 이르기까지 굳이 사람을 만나면서 하지 않아도 될 정도로 기술적으로 충분한 환경이 뒷받침되고 있다.

그리고 코로나 이전부터 사람들의 대면이 부담스러워서 매장에 직원을 두지 않거나 두더라도 먼저 손님이 물어보지 않으면 일부러 손님에게 말을 걸어서 부담스럽게 하지 않는 비대면 마케팅이 최근의 트렌드이다. 또한, 대면 시 발생하는 시간조차 줄이려고 아마존 투고 같은 곳은 점포를 나가면서 자동으로 결제가 되는 시스템을 개발했다. 즉, 코로나로 인한 것이든, 그렇지 않든 요즘 추세는 언택트이다.

젊은 세대들은 심지어 통화 자체도 부담스러워한다. 필자의 경우에도 컨설팅이 업이지만, 미리 시간을 예약하지 않으면 불시에 걸려오는 전화가 부담스럽다. 일방적으로 걸려온 전화는 내가 하던 일에 대한 집중을 방해하고 준비되지 않은 상태에서 대화를 시작해야 하므로 부담스러울 수 있다. 그리고 한국의 경우에는 예의까지 차리면서 통화해야 하니 더욱더 쉽지 않다.

또한, 가상현실 및 증강현실 기술이 더욱더 활발하게 사용될 것이다. AR(Augmented Realit) 시장은 세계적으로 5년 뒤에 47조 원 규모로 성장할 것이라고 한다. 요즘은 집을 볼 때 모델 하우스에 직접 가서 보는 것이 아니라 비대면으로 가상현실 고글이나 증강현실로 둘러보면 된다.

미래학자 레이 커즈와일(Ray Kurzweil)은 가상현실 사회로 사람들이 점차 이동하리라고 예측한다. 단순히 눈에 기계를 장착하고 보는 식의 가상현실이 아니라 뇌에 연결된 인공지능의 도움으로 머릿속에 가상현실이 그냥 나타난다. 우리는 이제 영화에서처럼 단순히 영양분을 공급받는 수면 상태에 들어가게 된다. 일자리의 감소로 인한 소비의 감소와 바이러스 등의 발생으로 비대면 문화가 정점으로 가면 가상현실 속에 사회를 하나 더 구현해서 그곳에서 살지 않을까. 책 『미래 사회 보고서』(유기윤 외 공저)에서는 조만간에 일부분의 도시를 모사한 약한 가상 도시가 생겨나고, 이것이 점점 발달하여 완벽한 가상도시가 탄생하리라고 예측하고 있다.

한편으로, 우리의 삶이 점점 비물질적인 정신세계로 이행할 것이라고 주장하는 학자들도 있다. 프랑스의 철학자이자 신학자인 피에르 샤르댕(Pierre Chardin)이나 종교 사회학자 자크 엘륄(Jacques Ellul)이 대표적인 인물이다. 샤르댕에 의하면 인류는 DNA 진화에 의한 척색동물문의 최종 수렴점이며, 인간의 DNA가 생성되는 데에 약 40억 년이 걸렸는데, 오늘날 인류가 생성하는 정보는 빛의 속도로 빠르고 그 양이 기하급수로 늘어남으로써 유기질 DNA로의 전환이 불가능하다고 한다. 여기에서 인류는 정보를 문화, 문명에 저장함으로써 정신권을 형성하여 새로운 'DNA-정신권' 공진화가 시작되었다고 하며, 이를 통해 정신세계로의 전환을 예측했다.

비대면으로 인한 도미노 현상은 파급효과가 크다. 사람들의 이동이 제한되면서 여행업, 항공편, 관광 산업은 직격탄을 맞고 있다. 식당, 콘서트, 극장 등의 엔터테인먼트 산업도 영향을 받는다. 사람들이 움직이질 않으니 석유 에너지 관련 산업들도 붕괴한다. 그리고 운송업, 특히 글로벌 운송업도 영향을 받는다.

필자는 2020년 3월에 미국 애너하임에서 열리는 가장 큰 식품 쇼인 'Expo West'에 부스를 가지고 참가할 예정이었다. 그러나 쇼가 취소되었다. 내년도에 크레딧을 준다고 하는데, 이 쇼가 내년에도 열릴지 의문이거니와, 열린다고 하더라도 이제는 사람이 많이 모이는 전시회에서는 사람들이 많이 오지 않을 것 같다. 전시회 산업도 수축될 것이다.

앞으로는 산업의 로컬화가 진행되면서 리쇼어링(Reshoring)이 일어나고, 원활한 부품 공급을 위해서 공급선 다변화, 탈중국화, 적정 재고량 증가 등의 현상이 발생할 것이다. 이는 우리를 새로운 패러다임으로 살게 할 것이다.

탈인간화와 직업의 종말

2020년 5월 1일에는 정부 용역 보고서 발표 보도가 나왔는데, 맥킨지의 보고서에 의하면 10년 이내에 한국 내 일자리 약 700만 개가 사라질 것이라 한다. 충격적인 보고였다. 한국의 일자리 수가 약 2,300만 개임을 감안하면 엄청난 숫자이다. 이 수치는 코로나를 반영하지 않은 수치이다. 즉, 코로나로 인해서 그 감소는 더욱 가속화될 것이다.

코로나로 인해서 인간을 노동 요소로 하는 기존의 생산 프레임은 점점 탈인간화 중심으로 가속화될 것이다. 원래 코로나가 발생하기 전에도 4차 산업으로 인한 일자리의 감소(아직 학자들이나 경제 전문가들의 의견은 분분하지만, 대부분의 학자는 일자리가 감소할 것으로 전망하고 있다)는 진행되고 있었다. 정규직의 감소와 비정규직, 긱 워커(Gig Worker)[4] 등의 등장이 이를 대변하고 있다.

정규직의 감소는 단순히 경기가 좋다, 안 좋다의 문제가 아니라 4차 산업의 도래로 인한 직업의 종말(책의 제목이기도 하다)로 보는 것

---

4   고용주의 필요에 따라 단기로 계약을 맺고 일회성 일을 맡는 근로자를 이르는 말.

이 맞다고 본다. 플랫폼 비즈니스(아마존, 우버 등)의 증가로 인해 양질의 일자리가 사라지고 있으며 업무 자동화와 인공지능의 등장으로 사람의 손을 더욱더 덜 필요로 하고 있다.

내가 1990년대에 제레미 리프킨의 미래서인 『노동의 종말』을 읽은 지 벌써 거의 이십몇 년이 지났다. 그때 제레미 리프킨의 책은 먼 미래의 이야기로 보였다. 한국에서 4차 산업혁명을 얘기하기 전이었으니 지금 생각해 보면 대단한 통찰력이다. 제레미는 인간의 노동이 필연적으로 줄어들 수밖에 없다고 하였고, 인간의 노동을 빼앗는 장본인은 기술과 경영 혁신이라고 보았다. 블루칼라뿐만 아니라 화이트칼라 또한 대량 실업을 맞이하는 사회가 오리라는 것이었다. 재화나 서비스 생산 요소로서의 인간의 요소는 더 이상 필요 없게 된다.

1936년에 나온 〈모던 타임스〉 영화는 찰리 채플린이 제작과 감독, 각본, 주연을 맡은 영화다. 기계 문명 도입에 따른 인간 소외와 이익만 추구하는 인간성이 결여된 자본주의에 대한 비판의 메시지를 담았다. 이제는 그나마 인간성이 결여된 그 노동도 인공지능과 로봇에게 빼앗기는 미래가 다가온 것이다.

2017년, 내가 12년 만에 한국에 방문했을 때 받은 문화적인 충격은 이루 말할 수 없다. 특히, 지하철을 탈 때 놀랐던 것은 지하철 표를 파는 역무원이 없어졌다는 점이었다. 그리고 KTX를 타려고 보니 개찰구에서 표를 확인하는 역무원도 없었다. 자동화가 사람의 일자리를 점점 줄어들게 하는 것이다.

골드만 삭스의 경우에는 2017년에 기존에 있던 600명의 애널리스트를 2명만 남기고 해고하였다. 인공지능 프로그램으로 600명이 일할 것을 2명이 할 수 있게 된 것이다. 알고리즘의 개발로 인해서 골드만 삭스는 IT 회사로 변화했다. 제조뿐만 아니라 금융, 요식업 등 산업 전반에 걸쳐서 인공지능 및 자동화는 그 속도를 더욱 높이고 있다. 얼마 전 톨게이트 수납원의 정규직 전환은 당사자들에겐 굉장히 좋은 소식이었지만, 앞으로는 사람을 덜 쓰게 될 기술의 변화 방향을 막지는 못할 것이다. 은행 출납원, 마트 직원들이 가장 일차적인 자동화의 타깃이다.

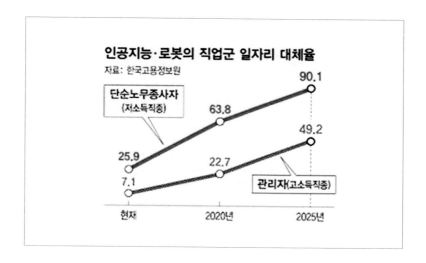

또한, 머신러닝은 새로운 분야는 아니지만, 점점 더 정교해지고 있다. 기계가 사건을 포착하고 관찰할 뿐만 아니라 패턴을 발견하

고 정보를 규칙이나 심지어 지혜로 변환하도록 돕는 소프트웨어가 개발되고 있기 때문이다. 달리 말해서 기계가 자신을 둘러싼 환경을 지각하고 분석하며 일련의 논리 규칙이나 주어진 목표에 맞춰서 어떻게 반응할지 판단할 수 있다는 말이다.

이미 머신러닝은 IBM의 왓츤 프로그램이 의료 시장에서 큰 역할을 하고 있다. 환자의 스캔 영상을 판독하여 정확도를 높이고 있고, 지금도 계속 임상 자료들을 업데이트하고 있어서 기존의 의사들이 수십 년 걸려서 쌓을 경험들을 단 몇 분 만에 업데이트하고 있다. 의료 시장 또한 인공지능이 대체할 날도 멀지 않았다.

이미 우리의 노동 시장에서는 비정규직, 프리랜서가 점점 늘어나고 있다. 또한, 긱 워커(Gig Worker)가 늘어나고 있으며 전형적인 직업은 점점 사라질 것이다. 인간의 노동 역시 소유에서 사용으로 변할 것이다. '프레카리아트(Precariat)'라는 단어는 가이 스탠딩(Guy Standing)이라는 경제학자가 주창했다. 불안정하다는 뜻의 'Precarious'와 노동자 계급인 'Proletariat'의 합성어이다. 많은 사람이 플랫폼 비즈니스에 종속되어서 불안정한 일자리의 노예가 된다. 처음에는 공유 경제라는 좋은 이미지들의 사업 모델로 시작한 플랫폼 비즈니스들이 좋은 취지를 벗어나 노동자 간의 경쟁을 유도해 플랫폼의 종속화를 일으키는 현상을 본다. 종종 우버 기사들이 임금 인상 및 복지를 위해 데모를 하기도 하지만, 이제는 선택의 여지가 없다. 앞으로는 한 지역에서 프레카리아트가 경쟁하는 것이 아니라 전 세계의 프레카리아트들이 일자리를 가지고 경쟁하는 시대가 오고 있다. 실제로 지역에 관계없이 서비스를 제공하는 IT나 회계 업무, 디자인 등은 이미 국경을 넘어서서 일자리를 경쟁하고 있다.

그나마 인공지능을 유지·관리하는 직업은 뜰 것이다. 세계적인 인력 관리 기업인 맨파워그룹(ManpowerGroup)은 '그레이칼라 노동자'라는 새로운 개념을 제시했다. 인터넷으로 연결된 기계의 프로그램을 짜고, 유지·보수를 책임지며, 기계에 고장이 발생하면 즉시 정상 작동하도록 조치하는 업무를 담당하는 노동자를 일컫는다. 이들 그레이칼라 노동자는 프로그래밍 외에도 복잡한 데이터를 이해하고 관리팀과 협업한다.

이제 우리의 아이들이 커서 자라는 다음 세대는 어떻게 될까. 기존의 대학 교육들이 어떤 의미가 있을까. 과연 줄어든 정규 일자리를 위해 고비용의 교육을 시간과 돈을 들여서 할 필요가 있을지 생각해야 한다. 『미래 사회 보고서』에서는 제3차 세계대전은 어쩌면 일자리로부터 시작될 수도 있을 거란 예측도 한다. 여론 조사 기업인 갤럽의 CEO인 짐 클리프턴(Jim Clifton)은 세계 경제 조사 보고서에서 이런 결론을 내렸다고 한다. "제3차 세계대전은 일자리 전쟁이 될 것이다." 2154년 지구 미래의 모습을 그린 영화 〈엘리시움〉에 나오는 상위층 1%의 부자들은 지구 밖의 인공 행성에서 풍요로운 생활을 하고 있으며 나머지 99%의 사람들은 오염된 지구에서 생활하고 있다. 요즘은 플랫폼 비즈니스를 소유한 1%, 아니, 0.01%의 '압정형 계층'이 형성될 가능성이 크다.

『사피엔스』의 저자 유발 하라리는 『21세기의 21가지 제언』에서 기술 혁명은 조만간 수십억 명의 인간을 고용 시장에서 몰아내고, 막대한 규모의 새로운 무용(無用) 계급을 만들어낼지 모른다고 한다. 하지만 미래 경제가 우리를 소비자로서조차 필요한 존재로 여길지는 절대 확실하지 않다고 말한다. 자본주의에서의 인간 소외는 4차 산업의 등장으로 무용 계급을 만들어 낸다. 결국이 인간이 설 자리는 어디인가?

소유의 종말

  제레미 리프킨은 '종말' 시리즈로 많은 책을 냈다. 『노동의 종말』이외에도 『소유의 종말』은 1990년대에 나온 책이지만 그의 통찰력은 지금 빛을 발한다. 내가 그 책을 처음으로 접했던 1990년대에는 그럴싸한 논리로 들렸다. 그러나 2020년을 사는 지금은 그의 통찰력이 아주 선명한 현실로 다가온다. 최근 플랫폼 비즈니스의 등장으로 우리는 '소유'보다는 '사용'의 가치에 주목하고 있다. 아마존의 킨들 언리미티드 서비스, 우버, 에어비앤비, 카셰어링 등의 '사용' 가치를 제공하는 플랫폼 비즈니스들이 비즈니스의 영역을 더욱더 채우고 있다.
  요즘은 구독형(Subscription) 비즈니스가 인기이다. 넷플릭스(Netflix) 등의 영화 콘텐츠 제공은 물론이고 커피를 월 구독 서비스로 신청 받아서 회원들에게 매달 다른 종류의 커피를 선사하고 있는 커피 구독 서비스사, 그리고 자동차 구독 서비스를 신청하면 한 달이나 일주일 단위로 타고 싶은 차들을 타게 해 준다. 온디맨드형 서비스의 등장으로 이제는 비용을 많이 들여가면서 물건을 소유할 필요가 없다.

코로나로 인해서 자동차를 타고 갈 데가 없다. 나는 차를 리스로 타고 있는데, 그 돈도 코로나로 차를 탈 일이 없을 때는 아깝기 그지없다. 이럴 경우에는 카셰어링 같은 서비스가 더 유리하다. 세상이 불확실한데 유형 자산을 소유하는 것은 위험이 크다. 개인도 그렇지만 회사는 더할 것이다. 유형 자산이 많은 기업들은 위기 때 더 크게 휘청거린다.

늘어난 수명 vs
바이러스로 죽는 사람

코로나로 인해서 많은 사망자가 나왔다. 전염병이 나오면 백신이 개발되기까지 오랜 시간이 걸린다. 앞으로도 팬데믹으로 인한 사망자는 예측할 수 없다. 기술이 발달해도 예방하기는 어렵다.

하지만 4차 산업으로 인해서 기존 질병의 치료 기술과 인공 장기 대체 기술이 발달해서 인간의 수명은 늘어나고 있다. 시민들은 최신의 유전공학 기술 덕분에 세포를 교체하고 노화를 늦추어 간다. 심지어 일부 시민들은 뇌에만 영양을 공급한다면 인간은 몇백 년

동안 정신만 갖고서도 생활할 수 있다고도 한다.

코로나 같은 팬데믹으로 언제든 죽을 수 있다는 생각과 평균적으로는 오래 살 수 있는 세계가 공존할 것이다. 언제든 죽을 수 있으므로 현재를 충실하게 사는 것도 하나의 방법이지만, 또한 할 일이 없이 너무 오래 사는 것도 저주가 될 수 있다.

미래를 다룬 영화를 보면 인간이 로봇화되는 경우도 있다. 인체의 각 부분을 기계로 대체할 수 있고, 뇌만 살아 있어도 신체는 기계적으로, 유전공학적으로 대체 가능하다. 그러면 영원히 살 수 있는 사회도 나올 수 있다. 구글의 자회사인 칼리코사는 죽지 않는 인간의 생명을 연구한다. 과연 우리는 신이 창조한 인간의 한계를 뛰어넘을 것인가.

또한, 인간의 뇌가 인공지능에 접속해서 전지전능해지는 시대가 올 수도 있다. 휴머노이드의 탄생은 이제 SF 영화만의 이야기가 아니다. 과연 인간과 인공지능의 합성을 기계로 보아야 하는가, 아니면 사람으로 보아야 하는가.

자율 주행 차

코로나로 인해서 인간 비대면이 요구되는 사업 중 하나가 택시, 버스 등의 운송 수단을 다루는 사업이다. 4차 산업 중의 한 특징으로 미래에 가장 많이 등장하는 것 중 하나가 자율 주행 자동차이다. 기존의 자동차 제조사뿐만 아니라 IT 회사들도 자율 주행에 뛰어들고 있어서 조만간 상용화될 것이다. 코로나로 인해서 그 발전은 더욱 가속화될 것이다.

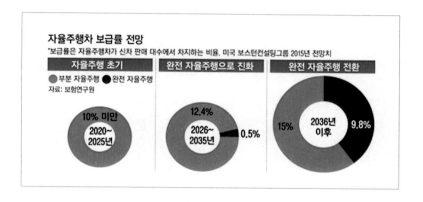

한편 코로나 같은 비대면 사회가 오면 사람들이 주로 집에 있으려 하므로 사람들의 외부 이동이 줄어들어서 전체적인 사람의 운송 수단 수요는 오히려 떨어질 수 있다. 4차 산업의 아이콘 중 하나가 자율 주행 차인데, 사람들이 점점 이동하지 않고 온라인, 가상현실에서의 생활이 늘어난다면 과연 자율 주행 차는 필요할까?

책 『미래 사회 보고서』에서는 미래 사회의 한 단면을 묘사하고 있다. 대부분의 사람이 일자리를 잃고 돈이 없어 소비할 것도 없고, 여가를 즐길 수도 없다. 정부는 세금을 걷지 못하니 정부는 파산한다. 사람들은 그나마 가상현실에서 잠시 시름을 잊고 가상현실에서 생활하는 시간이 많아진다. '포팅 스테이션'에서 영양분만 공급받으면서 대부분의 시간을 보낸다. 자율 주행 차는 거의 필요가 없다. 돈이 없으니 갈 데도 없다. 도시는 썰렁하다. 미래 사회의 모습은 우리가 영화에서 많이 봐 온 것처럼 공중 부양 자동차가 날아다니며 활기찬 도시의 모습과는 딴판이다.

이 이야기는 마치 SF 영화 같지만, 그래도 개연성이 있는 이야기이다. 나는 이 책을 읽으면서 전율을 느끼지 않을 수 없었다. 자율주행 자동차라도 갈 데가 있으면 그나마 다행이라고 생각한다. 전에는 우버 기사들도 자율 주행 차량으로 바뀌면 차후의 일자리를 걱정했는데, 문제는 우리가 나중에 갈 데도 없는 무용 계급이 되면 자율 주행 차량은 쓸모가 없다는 점이다.

인공지능은
인간을 지배할 것인가

알렉스 프로야스 감독의 영화 〈아이, 로봇〉 이야기이다. 영화에서 로봇들에게는 세 가지 원칙이 주어진다. 제1 원칙, 로봇은 인간에게 해를 입히지 않으며 해를 입도록 방관하지도 않는다. 제2 원칙, 제1 원칙에 위배되지 않는 한 인간의 명령에 복종한다. 제3 원칙, 제1과 제2 원칙에 위배되지 않는 한 로봇은 자신을 보호한다.

무척 정교하고 합리적인 원칙이다. 하지만 로봇은 의외의 결정을 내린다. 인간은 파괴적이고 잔인하므로 인간을 보호하기 위해서는 로봇이 그들을 통제해야 한다고 결론을 내린 것이다. 이는 세 가지 원칙에 위배되지 않는다. 결국 로봇은 인간을 통제하기 위한 행동에 착수한다. 생각만 해도 끔찍하다. 또한, 넷플릭스의 영화 〈나의 마더(I am Mother)〉라는 작품을 보고 나서도 많은 생각을 하였다. 영화에서는 인공지능 로봇이 인간 배아를 배양하여 키워낸다. 인간 자체가 악하므로 인간들이 아이를 키우는 것이 인간에게 좋지 않다는 판단하에 인공지능이 윤리적이며 지혜로운 인간으로 키우기 위해서 아이를 키운다는 내용이다.

보통 미래를 그린 영화를 보면 〈터미네이터〉나 〈매트릭스〉처럼 인공지능이나 로봇이 인간을 지배할 것이라는 암울한 영화가 많다. 과연 인간이 설 자리는 어디인가? 기계와 경쟁에서 이기려면 어떻게 해야 하나? 이미 알파고와의 바둑 대결에서 이세돌 기사는 패배했다. 지능으로는 더 이상 안 된다. 그나마 창의성과 공감성 같은 인간 특유의 것으로 로봇이 못하는 역할을 하는 방법이 있다. 아니면 기계와 협업하는 것이다. 보통은 피조물이 창조물보다 뛰어날 수 없다는 게 나의 생각이다. 로봇이 아무리 뛰어나도 인간의 알고리즘은 인간이 만들 수밖에 없다. 다만, 윤리가 없고 가치관이 없는 알고리즘이 괴물이 되어 세상을 지배하는 끔찍한 경우도 있을 수 있으니 개발자나 인공지능 회사의 운영자는 그에 대한 책임을 다해야 한다.

인공지능의 발달로 인간이 편리해질 수도 있지만, 인간이 알고리즘에 의해 조작될 수도 있다. 선택 설계란 인공지능에 의해 사람들로 하여금 자연스럽게 특정 선택을 하도록 설계하는 것을 말한다. 넷플릭스나 유튜브에 추천 영상들이 나오는 것은 알고리즘의 결과이며 사람들은 주어진 선택 옵션들을 선택하며 결과를 받는다. 그러면 인간들은 한쪽으로 편향될 수 있다. 특히 가짜 뉴스가 많은 유튜브에서는 자기가 좋은 하는 취향을 한두 개 선택하면 계속해서 그 한쪽 방향으로 더욱더 강화된다. 니콜라스 카는 『유리 감옥』에서 점점 기술이 발전할수록 인간은 왜 점점 무능해지는지 반문한다. 인터넷 검색으로 수많은 지식을 얻을 수 있는데 사고력과 비판적 성찰력은 떨어진다. 결국 우리의 사고는 유리 감옥에 갇혀서 통제당하고 있다.

최근 쟁점이 되는 것은 알고리즘의 편향성을 규제하고 알고리즘의 권력을 지배하는 정치이다. 이를 '알고크러시(algocracy)'라고도 표현한다. 인공지능을 알고리즘을 책임지는 주체로 설정할 수 있느냐의 문제부터 인공지능의 코드 권력을 규범적으로 통제하는 것 등의 논의가 이어지고 있다. 인공지능 로봇 '소피아'를 창시한 데이비드 핸슨은 인공지능 로봇도 하나의 인격체로 인정해야 한다고 주장한다.

인간에게 자유의지가 있지만, 우리는 알고리즘에 의해 편향된 선택들을 하게 된다. 우리 자신도 의식하지 못하는 사이에 알고리즘의 늪에 빠져서 세상을 보는 시야를 잃을 수도 있다. 우리가 주도하는 독서라든가 의도적인 리서치를 통해서 팩트 체크와 비판적 사유를 하지 않으면 우리는 그냥 알고리즘의 개, 돼지로 살 수 있다.

〈이디오크러시(Idiocracy)〉라는 영화를 보면 미래 인류의 지능은 떨어질 것이라고 묘사한다. 말초적인 미디어들과 집중력을 빼앗아 가는 스마트폰 등으로 인해 머리를 전혀 쓰지 않도록 환경이 바뀌면서 인류들은 미디어와 인공지능의 노예로 살아간다. 별 의미도 없는 동영상에 빠져서 시간 가는 줄 모르는 인간들이 99.9%이고 나머지 0.1%의 부와 지성을 가진 자들이 세상을 지배할 수 있다.

『대량살상 수학무기: 어떻게 빅 데이터는 불평등을 확산하고 민주주의를 위협하는가』의 저자 캐시 오닐은 알고리즘의 폐해를 지적한다. 그의 의견에 따르면 아무리 좋게 알고리즘을 설계한다고 하더라도 개발자의 가치관과 의도가 숨어 있기 때문에 100% 완벽한 알고리즘을 만들기는 어렵다. 지금도 수많은 이력서를 인공지능이 자동으로 걸러내고 있다. 여기엔 개인의 장단점을 알고리즘이라는 계량화된 모델로 만들어 내기에 지원자들에 대한 평가가 입체적으로 이루어지기는 어렵다. 실제로 더 유능한 사람이 서류 심사에서 떨어지는 경우도 많다.

개인주의와
공동체의 역설

코로나로 인해서 개인주의가 더욱 심화될 것이라는 게 전문가들의 전망이다. 그들은 한국의 현재를 '각자도생'의 사회로 규정한다. 각자 살길을 찾아 알아서 각개전투로 해야 한다는 조소이다. 정부도, 사회도 나를 책임져 주지 못한다. 내 문제에만 빠져 있다 보니 남들 걱정할 겨를이 없다. 코로나바이러스로 개인 간의 간격이 더욱 생겨나면서 남의 일에 신경 쓰기가 더욱더 어렵게 되었다.

그러나 한편으로는 나만 코로나를 잘 막으면 되는 것이 아니라 공동체 구성원들이 모두 잘 방역해야만 바이러스를 막아낼 수 있다. 개인주의화 추세이지만, 우리는 여전히 공동체 속에서 같이 연결되어 있음을 느낀다. 개인주의의 추세와 함께 공동체와 나는 어떠한 관계를 설정하고 살아야 할지 고민하는 게 작금의 숙제이다.

21세기에 들어와서 우리 사회에서도 나 홀로 사회의 경향은 증대해 왔다. 통계청에 따르면, 2018년 1인 가구 수는 584만 가구를 넘어섰고, 이는 전체 가구 중 29.3%를 차지했다. 갈수록 늦어지는 결혼 연령과 늘어나는 기대 수명을 지켜볼 때, 1인 가구는 우리 사회에서도 빠르게 증가할 것으로 보인다. 혼밥, 혼술, 결혼하지 않는 젊은이들을 떠올려 보면 이제는 1인 가구가 트렌드이다. 코로나 같은 전염병에 지친 사람들에게는 가족들도 부담스러울 수 있다.

경기 후퇴로 일자리를 잃고 집에서 자택 격리를 하고 있으니 더욱더 무기력해지고 공허해진다. 실존적인 공허함이 더해갈수록 여가 산업이 성장한다. TV 드라마나 오락 프로그램이라는 시간 도둑에 빨려들어서 현혹되고 만다. 에리히 프롬은 현대인의 정신적 상태의 지루함에 관해서 "내면적 생동감, 생산적 활동, 세상과의 관계성, 우리를 둘러싸고 있는 모든 것에 대한 관심의 부재와 연관이 있다."라고 했다.

전문가들은 코로나 이후로 사회가 더욱더 개인주의화될 것이라 입을 모은다. 상대가 코로나가 있을지, 어떤 바이러스가 있을지 모르니 더욱더 기피하게 될 것이다. 인간은 더욱 고독하고 외로워질 수 있다.

한편 최근 국제적인 정치 참여에 대한 자세로 '슬랙티비즘(Slack: 영어의 느슨한, 게으른이라는 뜻이 단어에서 유래)'라는 표현이 있다. 이는 갈수록 사람들이 정치 참여를 SNS 같은 미디어에서 '좋아요(Like)'를 누르는 형태로 보이는 것을 꼬집는 용어다. 정치에 점점 무관심해질 거라는 예상도 있지만, 나는 최근에 한국에서 치러진 4·15 총선을 보면서 코로나라는 위기 속에서도 정치에 참여하는 한국 시민들을 보면서 대단한 나라라고 느꼈다. 즉, 슬랙티비즘도 하기 나름이라고 생각한다.

한편으로, 코로나 기간에도 자신의 이익만을 챙기는 사람들이 많다. 코로나 관련 마스크, 세정제 등으로 폭리를 취하는 경우도 있고, 어려운 사람들의 환경을 역이용해서 자기의 부만을 추구하는 사람들도 있다.

그러나 다른 한편으로는 코로나 기간에도 온라인으로 모임을 지속하며 사람을 만나는 적극성을 보이는 사람도 있다. 그나마 새로운 환경에 적응하여 인간관계를 유지하는 사람들이야말로 앞으로 비대면 사회에서의 삶에 적응해 나갈 수 있을 것이다.

또한 이 와중에도 자기의 관심사나 사회적 가치 추구를 지속할 수 있는 방법들도 있다. 필자는 미국에 살면서 홈리스를 돕는 'Job For Life'라는 단체의 멘토로 활동한다. 코로나 조치 이후에는 온라인 강의나 홈리스들이 코로나 기간에 꼭 필요한 물품들을 기부하고 있다. 뜻이 있으면 어떤 방법으로든 자신의 가치 추구를 지속하는 사람들이 있을 것이고, 그런 사람들이 코로나 이후의 삶도 지속해서 이어 갈 수 있을 것이다.

강남순 교수(미국 텍사스 크리스천대 브라이트 신학대학)는 얼마 전 신문 인터뷰에서 다음과 같이 말했다. "코로나 위기를 통해 더 분명해진 사실은, 인간이란 '상호의존적 존재'라는 것이다. 개인주의가 팽배해지지만, 결국 우리는 연결되어서 나 혼자만 살 수는 없다."

강 교수는 상호의존적인 존재라는 것을 몇 가지 측면에서 보고 있다.

첫째는, 자연과의 상호의존성이다. 그동안 우리는 지구 생태계를 파괴하면서 살았다. 땅을 정복하고 번성하라는 성경 구절을 문자적으로만 해석하여 지구를 정복하고 착취하는 대상으로만 여기고 자연을 혹사시킨 것이다. 코로나를 계기로 이제는 기후 변화, 미세먼지 등의 이슈가 우리와 먼 얘기가 아님을 알아야 한다.

둘째, 나와 타자의 상호의존성이다. '사회적 거리 두기'는 '사회적 연대' 그리고 '사회적 상호의존성'의 의미로 확장된다.

셋째, 내가 사는 지역과 세계의 상호의존성이다. 코로나 사태는 '이곳'과 '저곳'이 서로 긴밀하게 연결된 '글로컬'한 시대에 살고 있다는 것을 우리에게 분명하게 상기시킨다.

개인주의화된 삶과 상호 연결된 아이러니한 상황 속에서 우리는 어떠한 자세를 취할까 고민해야 한다.

수축 사회

21세기 경기의 키워드는 저성장이다. IMF는 2015~2020년 선진국의 잠재 성장률을 연평균 1.6%로 전망하였는데, 이는 글로벌 금융위기 이전의 2.25%에 훨씬 못 미치는 수준이다. 이러한 성장률 하락은 신흥국도 예외는 아니어서 IMF는 2015~2020년 신흥국의 잠재 성장률이 연평균 5.2% 수준에 그칠 것으로 내다보았다. 특히 세계 시장 수요를 주도하던 중국, 인도 등 신흥국의 성장률 하락이 선진국의 성장을 둔화시켜 글로벌 저성장을 더욱 심화시킬 것으로 우려하고 있다.[5]

---

5 유기윤, 김정옥, 김지영 공저, 2017, 『미래 사회 보고서』, 서울: 라온북.

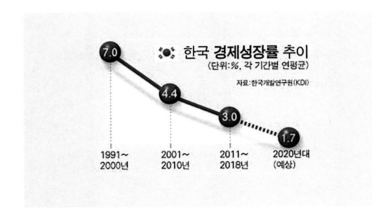

일본의 잃어버린 30년을 우리 한국도 따라갈 수 있다. 중국이나 개발도상국 외에는 미국, 일본 등의 경제 성장률이 한계에 다다랐다. 일부 경제학자, 특히 전직 미국 재무장관인 래리 서머스 같은 사람은 미국 경제가 현재 '구조적 장기 침체' 상태에 빠져 있다고 주장한다. 이자율은 거의 0인 상태에서 경제는 최대의 잠재력을 발휘하지 못하는 데다가 생산적인 사업 기회로 가는 투자액은 매우 적은 상황이다. 저성장, 저금리의 사회는 점점 경제적, 사회적으로 '수축 사회'로 진입함을 알린다. 홍성국 전 미래에셋대우 대표이사·사장은 얼마 전 『수축 사회』란 책을 출간했는데, 인류가 처한 현재 상황을 팽창 사회에서 수축 사회로 넘어가기 직전의 과도기로 진단하고 있다. 르네상스 이후 약 500년간 지속해온 팽창 사회가 끝나고, 조만간 세계가 본격적인 수축 국면에 진입한다는 것이다. 체코 경제학자 세들라체크는 되려 일본과 같은 나라들의 경제가 정체되어

경제 성장이 정체되어 있는 게 과연 나쁘기만 한 것일까를 자문한다. 그는 무한대로 성장해 가는 자본주의는 자발적으로 자기 조절이 필요하다고 주장한다. 『수축 사회』의 저자 홍성국 대표는 제2차 세계대전의 원인을 공급 과잉으로 인한 경제 위기를 타개하기 위한 과도한 공급 능력의 감소 시도라고 보기도 한다.

자연의 법칙에 따르면 한 종이 우세하면 자연적으로 질병이나 다른 변수로 인해 개체 수가 줄어드는 것이 정상이다. 공룡은 한번에 멸종되었다. 또한, 우리는 환경 파괴를 통해서 수많은 종을 멸종시켰다. 그리고 인간의 경제는 항상 경제 성장률인 GDP로 국가 간의 등급을 매기고 이를 최선의 미덕으로 생각한다. 그러나 수학적으로도 지구가 품을 수 있는 자원과 환경은 유한한데, 우리의 생산성은 무한대로 증가할 수 없는 것이 자연의 논리이다.

한국에서는 청년들에게 "결혼해라.", "애 낳아라."라고 어른들이 잔소리를 하지만, 이것은 자연 현상의 하나로 생각해야 한다. 먹잇감이 없는데 애를 낳아서 기르라는 것은 초원에 가뭄이 들어서 먹을 것이 줄어드는데 새끼를 낳으라는 것과 같다. 그리고 앞으로는 인간의 노동력이 생산 요소의 핵심이 아니기 때문에 노동집약적인 사고로 접근하는 것은 옳지 않다.

한국, 미국, 유럽 등 선진국들은 일본처럼 수축 사회로 진입할 것이다. 좌우 진영의 논리는 이제 먹히지 않는다. 좌든, 우든 경제를 지표로 분배를 어떻게 하냐의 문제보다는 아예 우리의 경제 관념이 패러다임 시프트되지 않으면 안 된다. 매일 선거철마다 여당이니,

야당이니 경기 탓을 하면서 하는 정치 공세는 무의미하다. 4차 산업과 코로나의 여파로 인해 우리는 새로운 저성장, 수축 사회에서 살 것이며 사이클릭 경기관은 이제 옛날 경제 논리가 될 것이다.

양극화의 심화

2020년 코로나 발생 전에 있었던 쾌거의 뉴스는 봉준호 감독의 〈기생충〉 영화가 아카데미 감독상을 수상한 사건이다. 〈기생충〉은 양극화에 대한 자본주의의 현실을 꼬집어 풍자한 영화로서 거대한 담론을 상징적으로 묘사하여 우리에게 다시 한번 생각하게 하는 영화이다. 여기엔 많은 메시지가 있다. 이제 양극화의 문제는 전 세계의 보편적인 문제로 다가와 있다. 전에는 세계화, 신자유주의로 인한 양극화가 이제는 아마존 같은 플랫폼 비즈니스의 확대로 인해서 더욱 심해지고 있다. 또 하나 주목해야 할 점은 위험이 어떤 계층에게는 더욱더 가혹하게 영향을 줄 수 있다는 점이다. 위험의 불평등은 가난한 계층, 노약자에게 더 가혹할 수 있다. 즉, 위험은 절대 평등하지 않다. 노인, 아동과 같은 사회적 약자는 위험에 더욱 취약할 수밖에 없다. 위험 사회가 가져오는 '위험의 불평등' 현상이다.

〈기생충〉 영화의 배경은 한국이었지만, 미국뿐만 아니라 전 세계가 이 영화에 공감한 것은 다른 나라도 별반 다르지 않기 때문이다. 한국의 경우에는 상위 1%가 부의 25%를 차지하지만, 미국의 경우에는 상위 1%가 39%의 부를 차지하고 있다.

미국 사회, 한국 사회 모두 양극화 문제가 심해지고 있다. 상위 소득 10%와 하위 10%의 격차가 점점 벌어진다. 미국도 마찬가지이다. 이는 고용 불안정, 저임금 노동자 증가 등이 원인인데, 향후 지속해서 진행될 플랫폼 비즈니스로의 노동자 편입과 플랫폼 비즈니스 소유주 0.01%의 부의 독점화율이 더욱 커질 것으로 예상된다. 요즘은 피라미드 사회가 아닌 '압정형' 사회라고 한다.

미국인 절반은 저임금에 시달리는 것으로 나타났다. 2019년 CNBC에서 발표한 미국 소득 하위 44%의 중간 연봉은 1만 8,000달러에 그친 것으로 나타났다. 점점 중산층이 없어지고 저임금 미국

인들이 생활고를 겪는 것으로 나타났다. 코로나 발생 전까지 미국의 실업률은 5% 미만으로 더할 나위 없는 호경기를 누렸지만, 일자리의 질은 점점 떨어지고 있다. 소득 하위 44%의 저임금자 평균 임금은 10.22달러로 나타났으며, 이는 연방 최저 임금인 7.25달러보다는 높지만, 많은 지역의 주거 수준에는 훨씬 못 미치는 수치다. 미국 대도시의 2/3가 저임금 노동자들인 것으로 나타나면서 생활의 질이 점점 떨어지고 있다. 많은 기업이 비싼 의료 혜택이나 복지에 비용을 쓰는 것을 부담스러워한다.

코로나 기간에 빈익빈 부익부 현상이 더욱 심해졌다. 임시노동직 근로자들은 일거리가 없어서 하루아침에 실직자가 되었다. 주식이 폭락하고 부동산 가격도 하락할 수 있다. 그럴 때 부자들은 더욱 투자하여 부를 축적할 수 있다. 코로나는 평등하지만, 코로나를 이용하는 기회는 부자들이 독식한다. 코로나로 인해서 부자들은 더욱 부자가 될 것이다. 아마존 주가는 코로나 이후에 주당 2천 불이 넘었다. 아마존의 CEO인 제프 베이조스는 이미 미국 내 부자 1위가 되었고, 그는 코로나 이후에 온라인 상거래의 발달로 부를 더욱 축적할 것이다. 플랫폼 비즈니스, 특히 온라인 관련 플랫폼 비즈니스, 주문 플랫폼은 기회이다.

그동안 자본주의 경제 구조는 상품을 생산한 근로자가 급여를 받고 물건을 사는 구조로 돈이 돌고 도는 구조였다. 그러나 제조업들의 수익률 악화와 플랫폼 비즈니스 등장으로 인해서 고용 효과가 크지 않으며 저임금 노동자를 많이 양산하여 결국 생산한 재화를 다시 사기가 어려운 구조가 되어버렸다. 그나마 글로벌화하에서는 중국이라는 저임금 공장 노동자에 힘입어 미국의 저임금 노동자가 생필품을 살 수 있는 구조였지만, 이런 순환 경제는 공장의 효율성이 높아지고 인공지능과 로봇이 인간을 대체한다면 더이상 작동하지 않을 수 있는 구조이다.

특히 코로나로 말미암아 미국과 한국 등에서 긴급재난기금으로 국민들에게 돈을 주며 소비를 계속 유지하도록 하고 있지만, 코로나가 장기화가 되고, 코로나와 같은 유사한 팬데믹이 자주 나타나면 더 이상 작동하지 않을 수 있다. 즉, 순환 경제라는 밑 빠진 독에 물 붓는 격이 될 수도 있다.

또한, 고령화 현상과 일자리 감소가 맞물려서 노년층의 삶이 불안정해지고 있다. 『98%의 미래, 중년파산: 열심히 일하고도 버림받는 하류중년 보고서』의 저자 아마미야 카린은 "한국은 '빨리' 퇴직하지만 '오랫동안' 은퇴하지 못하는 사회가 되었다."라고 한다. 코로나와 같은 불안정한 경제 쇼크는 빈곤한 노년층의 삶을 더욱 고단하게 만들 것이다. 특히, 다른 나라보다 늙어서까지 일을 더욱 많이 해야 하는 한국 빈곤 노년층은 팬데믹의 영향을 더욱 많이 받을 것이다.

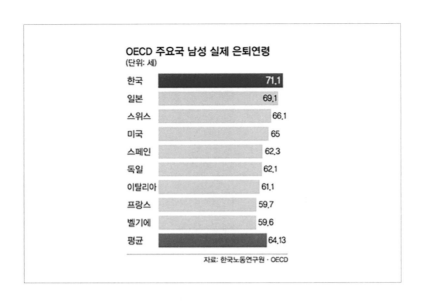

OECD 주요국 남성 실제 은퇴연령
(단위: 세)

한국	71.1
일본	69.1
스위스	66.1
미국	65
스페인	62.3
독일	62.1
이탈리아	61.1
프랑스	59.7
벨기에	59.6
평균	64.13

자료: 한국노동연구원 · OECD

탈중국화
-오프쇼어링에서 리쇼어링으로

코로나를 계기로 그간 중국에 의존하던 생산을 각국이 다시 자국으로 불러들이고 있다. 특히, 미국의 무역 전쟁 중에 촉발된 미국 보호 무역주의의 움직임이 코로나를 계기로 더욱 가속화되고 있다. 심지어 코로나바이러스로 인한 의료 장비의 부족으로 인해 미국의 확진자, 사망자가 늘어난 것은 중국 중심의 생산 의존도를 전적으로 보여 주고 있다.

각국은 이제 탈중국화를 가속화할 것이다. 그러나 보호 무역을 단기간에 이루기는 어려울 것이다. 제조 기반을 움직이는 것은 쉽지 않다. 제조를 위한 자원과 인력이 바탕이 되어야 한다. 전 세계에서 이 모든 것을 갖춘 나라는 오로지 미국뿐이다. 식량, 에너지, 기술, 소비 등 어느 것 하나 부족한 게 없다. 이는 자급자족이 가능하다는 의미이며, 중요한 것은 소비가 가능한 내수 시장이 크다는 점이다.

또한 대량 생산에서 다품종 소량 생산으로 트렌드가 바뀔 것이다. 3D 프린팅의 발달로 제조 공장이 초소형화될 것이다. 코로나 기간 동안 미국에서는 부족한 물자를 공급하기 위해 3D 프린터로 간단한 보호 장비나 의료 기기를 만들어 내고 있다.

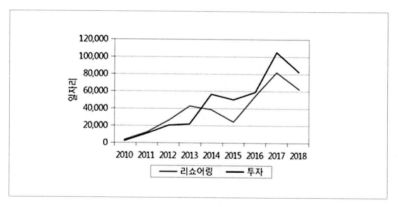

〈미국의 리쇼어링으로 인한 일자리 증가〉[6]

---

6 출처: Reshoring Initiative.

세계화의 몰락,
로컬화의 부상

코로나로 인해서 가장 큰 타격을 입은 부분은 글로벌 공급 체인(GVC: Global Value Chain)이다. 전 세계의 산업이 세계화로 연결되어 있다 보니 제품을 생산하기 위한 부품 및 원재료들이 여러 공급 사슬을 타고 엮여 있다. 그리고 대부분 중국에서 부품 및 완제품들이 제조되는 터라 코로나로 인해서 제때 공급을 받지 못해서 납기가 지연되어 공장 가동이 중단되는 사태가 발생한다. 앞으로는 공급 다변화와 로컬 공급 체인(RVC: Regional Value Chain)으로의 전환이 예상된다.

1980년대 이후로 전 세계에 신자유주의화가 확산되어 전 세계가 하나의 경제권으로 무한 경쟁 체제 속에 들어가게 되었다. 하지만 코로나로 인해서 세계화, 신자유주의의 기조가 꺾일 것으로 보인다. 독일 경제학자인 에른스트 슈마허는 경제 권력 및 정치 권력의 집중화를 경고했다. 그는 그런 집중화가 비인간화로 이어질 것이라고 여겼다. 세계화로 인해서 국가 간의 무한 경쟁이 부익부 빈익빈의 결과를 초래하고, 국가 내의 기반이 약한 산업들이 붕괴하여 서민들의 삶이 무너진다는 것이다.

트럼프의 집권으로 오프쇼어링(offshoring)에서 리쇼어링으로의 움직임이 일어나고 있었는데, 코로나를 계기로 세계화에서 로컬화로 전환될 가능성이 높다. 요즘은 3D 프린팅과 IT 기술의 발달로 스마트 공장이 생겨나고, 소품종 다량 생산에서 다품종 소량 생산으로 움직이는 추세이기 때문에, 리쇼어링이 용이해질 수 있다. 로컬화가 진행되면 세계 운송 시장이 타격을 받을 수 있다. 대신 국가 내 운송은 더욱 활발해질 것이다.

공급선의 다변화와 공급 사슬의 단순화도 거론되고 있다. 얼마 전 일본의 불화수소 수출 규제로 한국도 된서리를 맞는 바람에 이미 공급선의 다변화 또는 국산화를 진행하고 있다. 이제는 부품, 원료의 조달도 한 군데에만 의존할 수가 없다. 또한 생산 구조도 부품 수를 줄이고 공급 단계를 줄여야 한다. 리스크가 생기면 직격탄을 맞기 때문이다. 예전에는 도요타의 'Just-In-Time'[7] 적정 재고 관리가 비용 절감의 핵심이었다. 그러나 이제는 리스크를 대비해서 적정 재고를 확보하는 것이 좋다는 의견도 있다.

이번 코로나 사태를 계기로 각국은 생필품과 식자재의 부족을 체험했다. 리카르도의 비교우위론에 의해서 각국이 잘하는 것을 만들어 무역하는 게 더 이득이라는 사실은 이제는 사실이 아닐 수 있다. 트럼프의 보호 무역 기조는 더욱 급물살을 탈 것이다. 식량 자급화, 생필품 자급화 트렌드도 퍼질 것이다. 세계화는 이제 버틸 수 있을 것인가. 1980년대부터 2020년까지 전 세계를 주도한 세계화가

---

7 적기공급생산 또는 적시생산방식으로 불린다. 이는 재고를 쌓아 두지 않고서도 필요한 때 적기에 제품을 공급하는 생산 방식이다. 즉, 팔릴 물건을 팔릴 때에 팔릴 만큼만 생산하여 파는 방식이다.

이제는 기로에 서 있다. 수출 주도형 국가인 한국은 더욱 보호 무역 주의에 의한 영향이 있을 것이다. 하지만 여전히 남들이 못 만드는 제품과 한류의 열풍을 타고 매력적인 제품들이 많기 때문에 그리 부정적이지만은 않을 것이다.

	장점	단점
세계화	자원의 효율적 사용	리스크에 취약, 탄소 배출 등 환경오염, 자국 내 취약 산업의 붕괴 및 서민 삶의 피폐, 일부 글로벌 기업과 일부 개인의 독점화
로컬화	리스크에 강함, 평등성, 탄소 배출 저감, 자국 내 산업 보호로 인한 일자리 창출	자원의 비효율적 활용

〈세계화, 로컬화의 장단점 비교〉

도시화의 몰락

코로나를 계기로 해서 사람들의 비대면이 강화되고 있는 가운데, 미국의 뉴욕과 같은 대도시가 팬데믹에 대한 취약성을 드러냈다. 전 세계 각국의 도시화 현상은 21세기에 들어서 더욱 가속화되고 있다. 사람들은 도시에 살면서 일자리를 찾고 각종 문화 혜택과 교육을 대도시에서 누리려고 한다. 그러나 코로나 이후에는 재택근무의 활성화로 인해서 출퇴근이 없어지는 일자리의 증가와 함께 굳이 도시에 거주하지 않아도 집에서 일할 수 있는 기회들이 많아지고 교육도 온라인으로 많이 진행되므로, 도시화가 오히려 붕괴될 것이라고 한다.

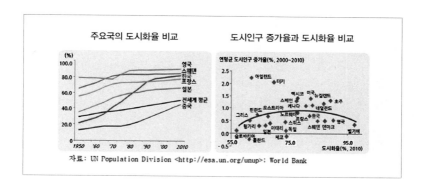

주요국의 도시화율 비교   도시인구 증가율과 도시화율 비교

자료: UN Population Division <http://esa.un.org/unup>; World Bank

흔들리는 서구주의와
높아질 한국의 위상

그동안 우리는 서구 선진국을 모델로 정치, 경제, 사회, 교육 시스템을 만들었고, 그들을 따라 했다. 그러나 코로나를 통해서 서구 선진국들이 방역 시스템이 뚫리면서 많은 국민이 죽었고, 이제는 서구의 시스템을 벤치마킹할 필요가 없다는 인식이 생겼다. 되려 한국의 선진 방역 시스템을 해외에서 극찬하고 있으며 한국을 배우기 위해서 난리다. 취재진이 트럼프에게 미국의 코로나 방역과 한국의 코로나 방역을 계속 비교하니, 트럼프도 한국에 대해 시기와 불만이 많아 보인다.

이제는 서양이 동양보다 앞서 있다는 인식이 점점 사라지고 아시아가 부상하고 있다. 그중에 한국은 코로나를 계기로 국제사회에서 롤 모델이 될 가능성이 더욱더 크다. 위기관리 능력이 강한 민족이기에 코로나도 전 국민이 힘을 합쳐서 금방 극복해낼 것이다. 미국에 사는 필자로서는 사회적 격리가 길어지니 각 주에서 사회적 격리를 풀어달라며 데모를 하고 있는데, 아직 확진자 수와 사망자 수가 줄지 않은 상황에서 시민의식 또한 이제는 한국이 올라갔구나 하는 생각이 든다.

이미 코로나 이전에 한류열풍으로 K-POP 및 드라마, 영화, 음식 등이 전 세계 젊은이들에게 인기이다. 또한 여기저기에서 삼성 제품들과 한국의 독특한 제품들이 인기이다. 코로나를 계기로 모멘텀(momentum)을 받아서 도약할 수 있는 계기가 될 것이다.

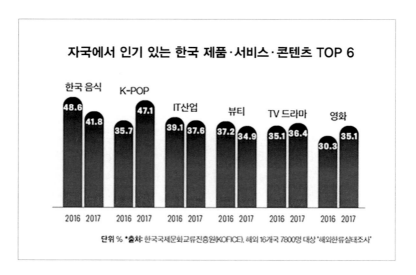

자국에서 인기 있는 한국 제품·서비스·콘텐츠 TOP 6

한국 음식 48.6 / 41.8
K-POP 35.7 / 47.1
IT산업 39.1 / 37.6
뷰티 37.2 / 34.9
TV 드라마 35.1 / 36.4
영화 30.3 / 35.1

2016 2017

단위 % *출처: 한국국제문화교류진흥원(KOFICE), 해외 16개국 7800명 대상 '해외한류실태조사'

초연결성 사회
(Hyper-Connected Society)

코로나를 통해서 5G 기술이 더욱 유용하게 쓰이게 될 전망이다. 얼마 전 과기부 최기영 장관은 "포스트 코로나 시대에는 엄청난 경제·사회적 변화가 있을 것으로 예상된다."라면서 "우리의 디지털 역량을 전면적으로 활용해 비대면 산업과 같은 포스트 코로나 시대에 맞는 신산업을 창출하는 것이 중요하다."라고 말했다. 아울러 "빅 데이터, 네트워크, 인공지능 등과 함께 이를 활용한 디지털 기반의 비대면 산업을 적극적으로 육성하고, 디지털 전환의 가속화 등 코로나 이후 변화할 우리의 새로운 미래를 차근차근 준비해 나갈 수 있도록 민·관이 함께 노력하겠다."라고 밝혔다.

5G 통신의 도래로 비대면 사회를 위한 기반이 더욱 확고해졌다. 5G의 도래로 사물 인터넷(IoT)이 더욱 활성화될 것이고, 거의 모든 기기가 서로 연결되어 데이터를 만들어내고 원거리에서 작동할 수 있을 것이다. 이미 SNS를 통해서 인류는 지구촌 여기저기에 흩어진 사람들을 연결해 주고 있다. 물리적으로는 항공 여행의 발달로 지구촌이 1~2일이면 연결되지만, 온라인 미디어의 발달로 각종 뉴스나 루머는 SNS를 타고 급속도로 퍼진다. K-POP 등의 한류열풍도 이러한 초연결 사회의 순풍을 맞아서 대박을 터트린 경우라고 본다.

75억 인구가 인터넷으로 다 연결되고 모든 사물이 연결된다면 우리는 그 효과를 정확하게 파악할 수 없다. 코로나로 인해서 인류 사이에 급속도로 바이러스가 퍼지면서 인류는 하나의 공동체로서 노력하지 않으면 다 같이 죽음으로 갈 수도 있는 세상을 경험했다.

사물 인터넷 발달은 개인, 기업들 모두 활용할 수 있다. 스마트홈, 스마트 팜, 스마트 공장 등 취합된 각종 데이터를 분석하고 원하는 조건을 최적화함으로써 시간과 자원의 낭비를 줄일 수 있다. 물리적으로 직접 사람의 손으로 측정하고 통제하던 것을 이제는 손바닥 안에서 모니터링하고 제어할 수 있는 시대가 온 것이다.

한편, 초연결 사회의 약점도 있다. 얼마 전 한국 KT에서 기지국 화재로 통신 대란이 온 적이 있었다. 스마트폰 등의 통신 수단이 멈추니 삶이 멈춰 버렸다. 초연결되어 있으니 주요한 설비의 취약성이 노출되어 있고, 사이버 해킹이 일어난다면 어떤 일이 일어날지 모른다. 타국의 기밀 유출은 물론이고 타국의 주요 군사 시설까지 해킹하여 제어한다면 끔찍한 일이 발생할 수도 있다. 미국에서는 얼마 전 'Ring'이라는 방문자 카메라 애플리케이션(앱)이 해킹당해서 모르는 사람들에게 수많은 소비자의 사생활이 노출된 적이 있다. 사생활 침해의 문제도 심각해질 수 있다.

특히, 트럼프 대통령은 코로나 사건을 계기로 중국 화웨이에 대한 규제를 더욱 거세게 가할 것이고, 전 세계가 이에 동참할 수 있다. 5G 통신 장비의 장악은 정보 권력의 장악이고, 이는 타국에 대한 위협이 될 수도 있다는 생각 때문이다.

그러나 요즘 플랫폼 비즈니스는 초연결성 때문에 성장했다. 이를 '네트워크 효과'라고도 한다. 플랫폼 사용자 수가 많아질수록 '네트워크 효과'에 의해 자신들의 서비스 가치가 기하급수적(exponential)으로 증가하고, 이에 따라 높은 기업 가치를 인정받을 것을 기대한다. 요즘은 1+1이 2가 되는 선형 사회가 아니라 곱하기가 되어 기하급수적으로 변화하는 비선형 사회이다. 이는 초연결 사회의 핵심이며 이로 인한 결과는 비즈니스의 성장, 위험의 파급 효과 등 여러 분야에 걸쳐서 나오게 된다.

사회학자 지그문트 바우만은 액체 근대에서 네트워크를 강조한다. 그는 『액체 시대(liquid time)』에서 "사회는 구조보다는 네트워크라는 관점으로 점점 인식되고 네트워크로 모든 것이 이루어진다."라고 제시했다. 즉, 액체 근대를 지나 현재 액체 시대에서는 삶의 지배적인 양식이 이동 통신 수단에 의해 네트워크화가 이뤄지며, 새로운 패러다임으로서 탈근대의 특성을 규정하고 있다. 기존의 견고한 사회를 서서히 녹여 가면서 구성된 것이 액체 근대이다. 이 액체성은 위계적인 사회조직을 녹이는 동시에 자본과 노동 이동, 유동하는 개인화를 만들 것으로 예측한다.

'평균의 종말' 시대가 오고 있다. 이제 예전의 평균이 더 이상 평균답지 않다는 이야기이다. 과연 무엇이 평균인지 종잡을 수 없는 뉴노멀 시대에서는 확실한 것이 드물게 된다고 한다. 평균이 있으면 표준도 뚜렷해지고 예측도 가능하지만, 코로나 이후로는 평균을 규정할 수 없는 세상이 오는 것이다.

평균의 키, 평균의 몸무게, 평균의 몸매, 평균 성적들은 근대 산업 문명의 산물이며 공업화 시기에 적용되는 패러다임이다. 나이에 걸맞은 평균의 직급, 그 직급에 걸맞은 평균의 연봉이라는 사회의 식도 거기에 속한다. 대다수가 존재하고 그 대다수에 포함될 때 우리는 편안함을 느낀다. 저성장, 저금리, 저소비, 저비용의 시대에서는 평균이 작동하지 않는다. 특히, 4차 산업의 도래로 사회가 초연결화, 네트워크화되면서 누군가에게는 저성장이 아닌, 곧바로 초고성장 시대가 되는 것이다. 『평균의 종말: 평균이라는 허상은 어떻게 교육을 속여왔나』의 저자 토드 로즈는 "초연결 시대의 논리는 곱셈과 제곱이며, 현상은 부익부 빈익빈으로 나타난다."라고 한다. 예전에는 산술적인 사회였다면 이제는 기하급수적인 사회이다. 핵심 역량을 연결해서 잘 엮고 잘 섞는 능력을 갖춘 사람이 4차 산업 시대에는 성공할 것이다. 근자에 부상한 기업들은 모두 이런 능력을 갖추고 있음을 알 수 있다.

빅 데이터의 활용

코로나가 오면서 빅 데이터가 활약하였다. 확진자의 동선 파악을 위해 스마트폰, 카드 결제 정보 등이 활용되고 있다. 이미 기업들은 빅 데이터를 마케팅에 접목하여 수요 조사와 소비자 구매행동을 분석한다. 통신 기술의 발달과 컴퓨터 처리 속도의 향상, 사물 인터넷의 발달로 이제는 세상에서 발생하는 모든 데이터를 저장할 수 있고, 적절한 가공과 알고리즘을 통해서 예측할 수도 있다. 코로나로 인해서 빅 데이터의 유용성은 다시 한번 확인되었고, 정부와 기업은 빅 데이터의 활용에 더욱더 투자할 것이다.

스타벅스는 매장의 입지 조건을 빅 데이터를 통해서 예측하고 최적의 입지 조건을 고른다. 또한 자체 앱을 통해서 얻어낸 데이터를 향후 신제품 출시 등에 반영하고 각종 소비자 기호를 읽어내고 있다. 또한 넷플릭스는 빅 데이터를 이용하여 넷플릭스 오리지날(Net-flix Original) 시리즈를 기획하고 시청자들의 선호도에 최적화된 배우들과 스토리로 작품들을 만들어 낸다.

한편으로, 반대급부로 사생활 침해의 문제는 논란이 된다. 어느 정도 선까지가 적절한지는 모르지만, 정부나 기업의 데이터 사냥으로 우리의 사생활이 알게, 모르게 침해당할 수 있다. 그리고 사생활 침해를 넘어서 감시 사회로 넘어갈 수도 있다.

새로운 감시 사회의
도래 가능성

조지 오웰은 미래 사회를 묘사한 소설인 『1984』에서 감시 사회가 올 것이라 예견했다. 빅브라더라는 감시자가 도시 구석구석을 TV 화면을 통해서 주시하고 있다. CCTV 때문에 우리의 움직임이 숨김없이 드러나는 현실과 유사하다. 코로나 동선 추적을 효율적으로 할 수 있었던 것은 스마트폰, 카드 사용 데이터들이 유용한 역할을 했기 때문이다.

4차 산업의 발달로 기업들은 빅 데이터를 모으고 있다. 우리의 개인 생활 데이터들이 거래되고 있다. 사생활 침해 문제가 큰 이슈이다. 미국 같은 곳은 정보 통신 회사들이 개인 사생활 보호를 위해서 정부에게 데이터를 함부로 무단으로 공유하지 않는다. 하지만 중국 같은 곳은 인터넷, 채팅 앱 등을 검열하기 때문에 사생활 침해는 물론이고 국민의 일거수일투족을 감시하는 감시 사회가 되어 개인의 자유와 언론 통제 등의 문제점이 크게 드러나고 있다. 중국이 초기에 코로나바이러스를 투명하게 공개하지 않아서 전 세계는 중국에 대한 불만이 많다. 흔히 중국을 야당, 언론, 노조가 없는 3무(無) 국가라고 하며 이는 윤활유 없이 엔진을 돌리는 것에 비유되기도 한다.

한편 서구에서는 한국이 방역을 잘하는 것은 한국이 감시 사회라서 그렇다고 주장한다. 우리가 들으면 억울한 얘기이지만, 외국에서 보는 관점은 다를 수 있다. 한국의 권위주의에 순응하는 유교 문화가 한몫을 했다는 얘기도 있다. 카를 포퍼가 얘기한 것처럼, 오픈 사회(열린 사회)가 되어야 한다. 기술의 발달로 인공지능이 우리의 뇌와 호환되어 연결되는 날에는 우리의 뇌도, 생각도 스캔 당할 수 있다. 결국 공익과 개인 인권의 경계선에서 적절한 선을 긋지 않으면 우리의 미래는 암울할 것이다.

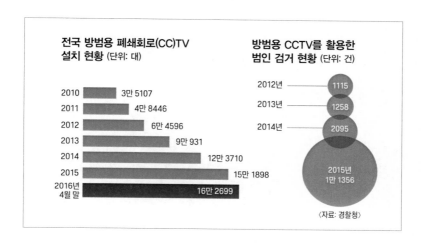

전국 방범용 폐쇄회로(CC)TV 설치 현황 (단위: 대)

2010	3만 5107
2011	4만 8446
2012	6만 4596
2013	9만 931
2014	12만 3710
2015	15만 1898
2016년 4월 말	16만 2699

방범용 CCTV를 활용한 범인 검거 현황 (단위: 건)

연도	검거 건수
2012년	1115
2013년	1258
2014년	2095
2015년	1만 1356

〈자료: 경찰청〉

직장 상사가 되어버린
인공지능

요즘은 배달 앱이 발달하면서 배달 서비스에 뛰어드는 사람들이 많다. 알고리즘에 의해서 최적화된 경로와 요율을 계산하여 노동자들을 유혹하고 있다. 인공지능을 이용해 날씨나 수요에 따라 필요 인력을 예측하고 이를 확보하기에 적정한 수준으로 단가를 정한다. 인공지능은 배달원의 동선과 주문한 음식의 특성 등을 고려해 가장 적임자인 라이더를 자동으로 배정하고, 최적의 동선까지 추천해주기도 한다. 한 건이라도 더 벌고 싶어 하는 사람들의 마음에 알고리즘은 최적화된 요율로 사람들로 끌어들인다. 얼마 전 유튜브에는 배달 앱 서비스로 억대 연봉을 번다는 사람도 등장했다. 물론 다

성공하는 것은 아니다. 위험을 무릅쓰고 한 건이라도 더 하려고 하면 안전 문제에는 소홀해질 수 있다.

아마존의 창고에서는 수많은 사람이 인공지능(AI)의 모니터링하에 일하고 있다. 직원마다 얼마나 효율적이고 생산적인지 실시간으로 모니터링하고 있기 때문에 직장에서의 근무 태만은 어림도 없는 얘기이다. 아마존은 노동 착취와 저임금으로 악명이 높다. 그나마 사람을 이용해서 창고를 돌리는 것도 아마 조만간 100% 로봇화가 될 날도 머지않은 것 같다.

인공지능 기반 노동자 관리·경영 시스템은 노동자의 인권과 안전에 심각한 위험이 될 수 있다. 인공지능의 도움을 받아 진화한 경영을 '뉴테일러리즘'으로도 부른다. 노동자의 작업 시간과 동선을 분석해 관리하는 과학적인 경영을 뜻하는 '테일러리즘'이 빅 데이터, 인공지능과 결합해 노동자의 일거수일투족을 감시·지시하는 노동 관리로 바뀐 것이다. 효율적인 자원 관리 측면에서는 유용하나 인간이 인공지능의 지배하에서 비인격적으로 일하게 될 날이 오는 것이다.

요즘에는 '데이터 레이블링'이라는 21세기판 인형 눈 붙이기 아르바이트가 있다. 이미지들에 명칭을 달아서 인공지능이 지속해서 학습하게 하는 것이다. 주로 인도나 중국 등지의 저임금 노동자들이 하고 있는데, 이것도 인공지능에 종속되어 가는 인간의 한 단면이다. 요즘 이러한 문제 때문에 데이터 레이블링을 컴퓨터화하는 회사들도 생겨났다.

물론, 인공지능을 이용한 좋은 측면도 있다. 빅 데이터를 분석하고 업무를 자동화하여 업무 시간을 단축할 수 있다. MIT 경영대학원의 연구 결과에 의하면, 연간 5억 달러 이상의 매출을 올리는 기업들의 76%는 머신러닝을 통해 더 높은 매출 성장을 목표로 하고 있고, 40% 이상은 이미 머신러닝을 이용하여 마케팅 및 영업 성과를 향상했다고 응답했다.

요즘은 단순 데이터 입력, 댓글 관리, 입금 내역 관리를 해 주는 로봇 프로세스 자동화(RPA: Robotic Process Automation) 소프트웨어가 등장했다. RPA는 사람이 반복적으로 처리해야 할 업무를 자동화하는 로봇 소프트웨어(SW)다. 지난해 글로벌 RPA 시장은 1조 5,000억 원에 달한 것으로 추정된다.

루마니아 유아이패스의 RPA를 도입한 롯데 이커머스는 온라인 허위·과대 광고를 점검하는 일을 로봇에게 맡겼다. 직원 두 명이 이틀간 해야 할 일을 로봇이 하루 만에 끝냈다는 게 회사 측의 설명이다. 미국 오토메이션애니웨어의 RPA를 쓰는 삼양 홀딩스는 경영지원 부서의 생산, 영업, 구매 업무에 RPA를 적용해 업무 시간을 90% 이상 단축했다. 매일 50여 명의 영업부 사원이 처리하던 거래처 입금 내역 확인·처리 업무를 자동화했다고 한다. 업무 중에서도 선호하지 않는 부수적인 업무인 구매 주문서(PO) 처리, 인보이스 승인, 지급 추적 등을 RPA가 대신해 주는 것이다.

로봇의 부상

코로나로 인해서 비대면 사회가 오고 로봇의 사용이 더욱 가속화될 전망이다. 인공지능과 맞물려 자동화, 로봇화는 보편화될 것이다. 또한, 선진국들의 리쇼어링을 계기로 인건비를 줄이기 위해 자동화하는 공장들이 더 많이 생길 것이다. 한국이나 많은 선진국은 노령화되는 상황에서 육체적 노동력을 구할 수가 없어서 불가피하게 로봇을 사용하게 된다. 또한 4차 산업의 진행으로 로봇은 이미 우리의 일자리를 대체하고 있다.

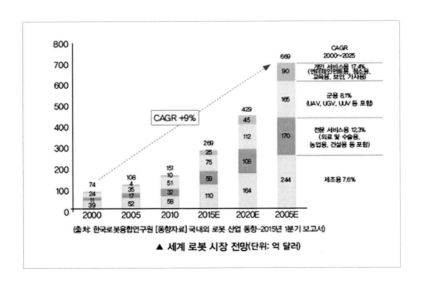

▲ 세계 로봇 시장 전망(단위: 억 달러)

『로봇의 부상: 인공지능의 진화와 미래의 실직 위협』의 저자 마틴 포드가 얘기했듯이, 문제는 기계는 소비하지 않는다는 점이다. 이는 구매력의 상실로 이어진다. 기업은 누구에게 물건을 팔아야 하나. 미국 GDP에서는 개인의 소비가 적어도 2/3를 차지하며, 다른 선진국에서도 대략 60% 이상이라고 한다. 고용 없는 제조는 소비할 구매자를 만들지 못하기 때문에 제조해도 팔 대상이 없다는 문제가 있다. 자본 소득, 그러니까 기계를 소유하는 데서 나오는 소득은 극소수 엘리트의 수중에 집중될 것이다. 그래서 로봇세를 걷어서 실업자들이나 취약 계층에게 주자는 주장들이 논의되고 있다.

그리고 우리 일자리의 대부분이 인공지능으로 대체될 수 있다는 연구도 나온다. 의사, 변호사, 회계사도 예외가 없다. 필자가 만든 다음의 결정 트리를 따라가 보아라. 당신의 직업은 안전할까? 아주 먼 미래엔 궁극적으로 반복적이고 예측 가능한 직업에 대한 위협 차원에서 벗어나 기계는 이제 거의 모든 것을 할 수 있을 것이다.

□ 반복적인 일인가
□ =아니요 → 사람의 일

예

□ 데이터에 기반하여 판단하는 일인가?
□ =아니요 → 사람의 일

예

□ 로봇을 개발하는 데 오랜 시간이 걸리나?
□ 로봇을 개발하는 데 많은 돈이 드나(손익분기점까지 기다릴 수 있나)?
□ =아니요 → 사람의 일

예

□ 사람이 가능한 일 : 창의적인 요소, 인간 공감 요소, 최고 결정

로봇 대체

〈로봇으로 대체될 직업들 결정 트리〉

『(기술이 인간을 초월하는 순간) 특이점이 온다』를 쓴 커즈와일의 예측 중에서 가장 중요한 점은 미래에는 인간과 기계의 융합이 불가피하다는 것이다. 트랜스 휴머니즘(Trans-humanism)은 생산력 증대를 위해 인간에게 과학 기술을 더 많이 접목하자고 주장한다. 즉, 경제 성장을 위해서는 인간과 과학 기술이 융합해야 하며 인간의 노력만으로는 불충분하다는 것이다. 『디지털 사회 2.0: 분권화 트렌드와 미래 한국』에서는 다가올 4차 산업은 인간 중심(Human-

82   코로나와 4차 산업혁명이 만든 뉴노멀

centered)의 사회가 되어야 한다고 제안했다. 4차 산업혁명의 신기술들은 인간을 대체하는 것이 아니라 인간의 지적·물적 능력을 보완시켜서, 즉 인간을 증진(Human enhancement)시킴으로써 고도화된 인간들이 좀 더 포용적인 시스템에서 살 수 있도록 해야 한다고 주장한다.

앞으로는 로봇의 가격도 싸질 것이다. 클라우드형 로봇은 각 로봇에 지능이 달린 것이 아니라, 클라우드 서버에 연결되어 무선 인터넷이나 5G로 작동된다. 가격이 더 싸질 수 있는 것이다. 그러나 SF 영화에서 나쁜 악당들이 모든 로봇에 영혼이 들어가 있는 것처럼 마음대로 작동하는 악몽이 떠오를 수도 있다. 사물 인터넷과 연결되어 클라우드형 인공지능을 탑재한 로봇도 곧 등장할 것이다. 우리는 이런 로봇들을 일상에서 사용할 것이다. 집 안의 잡일, 대화 상대, 심지어 영화처럼 로봇과 연애를 할 날이 올지도 모른다.

닉 보스트롬 옥스퍼드대 교수는 인공지능이 평화적인 목적으로 쓰인다면 좋지만, 만약 인공지능과 로봇이 세상의 일을 다 하면 인간은 무엇을 해야 할지 고민해야 한다고 했다. 따라서 미래에 디지털 경제가 심화되면 인간마저 디지털화된 정보 재화가 될 수도 있다고 했다.

로봇은 감정이 없다고 하는데, 감정도 머신러닝을 통해서 학습시킬 수 있다. 아니면 인간의 뇌에 저장된 추억이나 감정 부분을 복제해서 기계에 주입하는 기술도 나올 것이다. 우리의 기억, 경험, 감정, 정체성 등 인간성을 구성하는 모든 요소가 디지털 신호로 변환

되고 인공지능이 그것을 마음대로 조작해 우리를 통제할지도 모른다고 경고한다. SF에 나오는 로봇이 인간을 지배하는 날이 올까 고민하는 것은 이제 현재의 고민이 될 것이다.

플랫폼이 지배하는 세상

코로나 기간에도 다수의 플랫폼 회사들은 빛을 발하고 있다. 2020년 4월 28일 CNBC와 『월스트리트 저널(WSJ)』에 따르면 구글의 모회사인 알파벳은 올해 1분기에 작년 동기보다 13% 증가한 412억 달러(약 50조 3천억 원)의 매출을 올렸다고 발표했다. 구글의 주요 사업부 중 하나인 유튜브는 자택 격리 조치로 집에 있게 된 사람들의 눈길을 붙잡을 기회를 얻었을 것으로 『월스트리트 저널(WSJ)』은 분석했다.

미국의 아마존 같은 기업은 코로나 기간에 주가가 엄청나게 폭등했다. 미국에서는 'Amazoned'라고 하며, "아마존에게 당했다."라는 표현을 쓴다. 이는 각종 리테일(소매) 비즈니스가 아마존 때문에 문을 닫은 것을 의미한다. 코로나 기간에 사람들이 더욱더 집에 머물면서 온라인 쇼핑이 더 늘었다. 필자의 경우에는 누가 아마존 어카운트(계정)를 해킹해서 비싼 커피 머신을 주문해서 되려 돈은 돈대로 내고, 아마존 프라임 서비스(정기 회원제로 빠른 배송 서비스 제공)에서더 쫓겨났다. 아마존에 필적한 만한 온라인 쇼핑 플랫폼은 거의 없다.

한국에서는 요즘 배달 앱이 인기이다. 위기의 영세 상인까지 배달 앱 플랫폼에 흡수당한다고 전해 들었다. 한국 고용정보원의 통계에 의하면 음식 배달 노동자의 21.4%가 1년 미만의 경력, 55.1%가 1~3년 사이의 경력이라고 한다. 아예 청년 일자리 문제로 처음부터 오토바이를 타거나, 자영업이 망해서 배달 기사로 전입하는 경우가 대부분이다. 결국은 플랫폼을 소유한 기업주들만 돈을 번다.

아마존, 우버, 에어비앤비 등의 플랫폼 비즈니스 소유주는 4차 산업의 강자이며 대부분의 부를 가질 것이다. 아마존의 제프 베이조스는 현재 미국 부자 순위 1위가 되었다. 미국에선 실업자가 약 2,600만 명이나 늘어났는데 그의 자산은 약 30조 원이 늘었다는 보도를 보았다. 얼마 전에는 베이조스와 이혼한 전 부인도 위자료로 일부를 받으면서 부자 서열 22위에 등극했다.

처음에는 우버, 에어비앤비 같은 기업이 공유 경제의 대명사처럼 떠올랐지만, 엄밀히 보면 이는 공유 경제의 취지에서 벗어난다. 자원의 활용 측면보다는 일부 플랫폼 소유주의 배 불리기로 전락했다. 대안으로 블록체인을 이용한 진정한 P2P의 공유경제를 제안하는 사람들도 있다. 중앙 플랫폼 식의 중앙집권적인 수익만 뽑아내는 구조가 아니라 블록체인을 이용하여 조합 형식으로 운영하는 것이다. 모든 거래는 블록체인에 공정하고 객관적인 자료로 기록된다. 중앙의 특정 지배자가 없기 때문에 부의 공정한 분배가 가능하다.

서울대 건설환경공학부 유기윤 교수 연구팀(김정옥, 김지영 연구교수)

은 미래 도시에 대한 흥미로운 시뮬레이션 연구 결과를 발표했다. 이에 따르면, 미래 도시에서는 플랫폼 소유주, 플랫폼 스타, 인공지성, 프레카리아트(일반 시민)의 네 개 계급으로 살아가게 되리라고 전망한다.

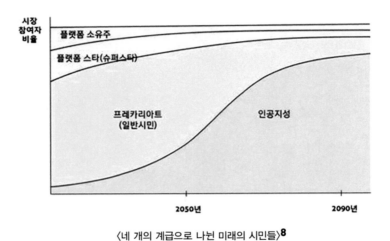

〈네 개의 계급으로 나뉜 미래의 시민들〉[8]

플랫폼 소유주들은 전체 인구의 0.001%에 불과하지만, 대부분의 인류가 연결된 '플랫폼'을 통해 부와 권력을 독점하리라고 예상한다. 그리고 그 바로 아래에 '플랫폼 스타(대중적 호소력을 지닌 정치 엘리트, 예체능 스타, 로봇 설계자 같은 창의적 전문가)'라는 새로운 계급이 생겨나

---

8 출처: 서울대학교.

서 0.002%를 차지할 것으로 보고 있다. 나머지 99.997%의 일반 시민들은 '불안정한(precarious)'이라는 단어와 '프롤레타리아트(prole-tariat)'를 합성한 신조어인 '프레카리아트(precariat)'가 되어 로봇보다 못한 취급을 받고 살 것이라 예측한다. 이 연구에서 주장하는 대로 기계가 인간을 대체하는 인공지능 사회가 된다면 '0.003 대 99.997'이라는 초계급화 사회가 올 수도 있다. 압정형 사회가 오고 있는 것이다. 그래서 지금 유럽 등에서는 디지털세와 로봇 세금을 걷어야 한다는 논의가 나오고 있다. 우리도 이제 고민해야 할 문제이다.

우울증 등의
정신건강 문제

코로나로 인해서 집에 오래 갇혀있다 보니 우울증 등의 정신건강 문제가 대두된다. 코로나로 인한 자택 격리로 가정폭력과 이혼율이 높아져간다는 얘기도 들린다. 코로나로 인해 생긴 우울증을 '코로나 블루'라고도 한다. 최근 취업 포털 사이트에서 설문 조사한 결과, 응답자의 절반 이상이 코로나 블루를 겪은 것으로 나타났다. 인간은 무기력함과 사람을 못 만나고, 새로운 환경에 대한 부적응, 경제적 손실, 실직, 건강 등의 요인으로 각종 정신질환에 노출되어 있다. 원래 한국인들은 OECD 국가 중에서도 자살률 1위라는 불명예를 단 지 오래다. 여기에 코로나까지 더해지면서 정신질환자들은 더욱 늘어날 전망이다. 세계 보건 기구 WHO는 전 세계 인구의 25%가 평생 동안 적어도 한 번은 정신병을 앓는 것으로 전망한다. 침체된 경제, 대규모 부채, 은퇴를 꺼리는 고령화한 노동력으로 인한 무력감에 정신적으로도 힘들어지고 있다.

　제레미 리프킨은 벌써 30년 전에 극소수가 부를 독점할 수 있는 압정형 시대를 예측했다. 극소수 엘리트가 세계 재화의 98%를 생산하고 대다수가 2%만을 생산하는 구조는 필연적으로 사회 분열을 야기한다. 적은 일자리를 둘러싸고 아귀다툼이 벌어지고, 일을 찾지 못한 사람들은 자신을 쓸모없는 존재로 규정하며 우울증에 시달린다. 건강보험심사평가원의 국민관심질병통계에 따르면, 우울증으로 병원을 찾은 환자는 2015년 60만 1,152명에서 2019년에는 79만 6,364명으로 5년 새 약 32% 증가했다. 특히, 20대 환자는 5만 3,077명에서 11만 8,393명으로 2배 넘게 증가했다. 젊은 세대들의 절망과 이로 인한 우울증은 심각한 지경이다.

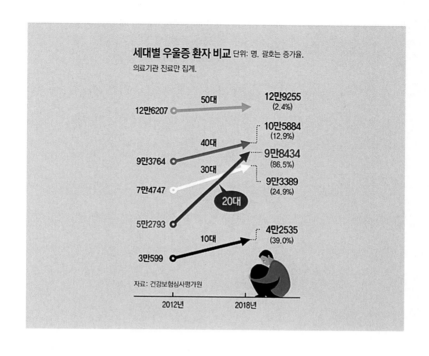

세대별 우울증 환자 비교 단위: 명. 괄호는 증가율.
의료기관 진료만 집계.

50대	12만6207	12만9255 (2.4%)
40대	9만3764	10만5884 (12.9%)
30대	7만4747	9만8434 (86.5%)
20대	5만2793	9만3389 (24.9%)
10대	3만599	4만2535 (39.0%)

자료: 건강보험심사평가원

2012년   2018년

남아있는 노동자도 정신적·육체적 피로에 시달린다. 빠른 작업과 높은 성과를 요구하는 기업과 회사의 기대에 부응해야 하기 때문이다. 사무직과 서비스 사원은 컴퓨터로 신속하게 정보를 접하는 것에 익숙해지면서 상대적으로 속도가 느린 인간의 상호작용을 참지 못해 조급함과 스트레스에 휩싸인다.

요즘은 인공지능을 이용한 챗봇이 생겨서 사람들에게 정기적으로 말도 걸어주고 기분도 전환할 수 있도록 응원해 주는 앱의 개발이 한창이다. 국내 1위 모바일 심리 상담 플랫폼 '트로스트(trost)'는 대화의 중요성을 살려서 채팅을 통한 심리 상담을 제공하고 있다.

또한 최근에는 24시간 소통이 가능한 국내 최초 멘탈 케어 챗봇 '티티'가 출시되었다.

노령자들을 대상으로도 인공지능 로봇을 개발하여 자식들 대신 노인들에게 정기적으로 약 먹을 시간을 알려 주기도 하고 날씨가 추우니 외출할 때는 옷을 따뜻하게 입으라고 권해 주기도 한다. 영화 〈블레이드 러너〉를 보면 주인공이 인공지능 홀로그램 여자친구와 대화도 하고 춤도 추며 외로움을 달랜다. 이제는 로봇이 인간의 일자리를 빼앗고 인간을 위로해 주는 아이러니한 시대가 올 것이다.

코로나 기간에 반려동물을 기르려는 사람도 늘었다. 미국의 경우에는 유기견 셸터에 있던 개들이 거의 다 입양되었다는 좋은 소식이 들린다. 이를 펫코노미(Petconomy)라고도 부르며 앞으로는 외로운 1인 가족과 개인주의의 심화로 반려동물을 더 많이 키울 것으로 보인다. 관련 펫(Pet) 산업도 호황을 누릴 것이다.

사회 부적응자, 낙오자, 사회 불만자, 정신질환자들이 증가하면서 한편으로는 가상현실 속에서 사는 사람이 많아질 것이다. 처음에는 여가생활로 게임 같은 것을 하다가 점점 사람 간의 교제도 가상현실에서 하게 되고 결혼과 동호회 등 여러 인간관계를 자신이 원하는 모형으로 만들어서 현실에서 도피하는 사람들도 늘어날 것으로 본다.

영국 서식스대학교의 신경심리학자인 데이비드 루이스 박사는 독서, 음악 감상, 한 잔의 커피, 게임, 산책 등이 스트레스를 얼마나 줄여 주는지를 실험했다. 그 결과 조용한 곳에서 6분 정도 책을 읽으면 스트레스가 68% 줄어들고, 심박 수가 낮아지며, 근육의 긴장이 풀리는 것으로 나타났다. 그다음으로 음악 감상이 61%, 커피 마시기 54%, 산책이 42%의 스트레스 경감 효과가 있는 것으로 나타났다. 코로나 기간에 스트레스를 줄이려면 이 방법을 써 보자.

기후변화와 팬데믹

얼마 전 코로나로 인해서 도쿄 올림픽이 1년 연기되었다. 또한 지구 온난화의 영향으로 2050년이 되면 전 세계 주요 도시의 60% 이상이 하계 올림픽을 개최하기가 어려워진다는 조사 결과가 나왔다. 기후 온난화 문제는 비단 어제오늘의 일이 아니다. 많은 학자가 기후변화 또한 팬데믹의 유행과 연관성이 있다고 한다. 기후 상승으로 인해 동토층, 남극의 미생물이 발현하고 미생물은 지구 온난화로 인해 점점 높은 온도에 적응하고 있다고 한다.

팬데믹은 기후변화가 극심한 시기에 발생했다는 공통점이 있다. 세계보건기구에 따르면 평균 기온이 1℃ 올라갈 때마다 감염병이 약 4.7% 늘어난다고 한다. 미국의 GM 스캘리언 교수는 '악성 바이러스로 인한 지구 재앙설'을 주장하는 학자다. 그는 지구 온난화로 인해 특유의 번식 환경이 조성되면 보통의 바이러스와 다른 구조를 가진 변종들이 생길 가능성이 그 어느 때보다 높아진다고 보았다. 또한 2016년 시베리아에서는 지구 온난화로 인해 동토층이 녹으면서 탄저병에 걸려 죽은 순록이 해빙되면서 인간들이 탄저병에 노출되어 사망하는 사건이 있었다.

코로나 같은 변종들은 수시로 나올 것이다. 이런 변종들이 나올 때마다 백신이나 치료제를 개발하는 것도 문제의 해결 방법이지만, 근본적인 방법은 기후변화에 대한 인식 변화와 지구를 파괴하는 현재의 파괴적인 자본주의를 다시 생각하는 것이다. 불행하게도 미국 트럼프 대통령은 기후변화에 대해서 그다지 신경 쓰지 않는다. 그러니 다른 나라들도 별로 환경에 대해서 신경을 쓰지 않는 게 국제적인 분위기가 될 수 있다. 그러나 재앙은 고스란히 부메랑이 되어서 돌아온다.

각종 지진과 가뭄, 가뭄으로 인한 기근과 식수 부족, 가뭄으로 인한 산불의 발화, 해수면 상승, 플라스틱 쓰레기로 인한 해양 동물들의 멸종 위기, 미세 플라스틱, 미세먼지 등 환경 문제는 이루 말할 수 없다. 이제는 지구가 역습할 차례이다. 환경운동가인 툰베리 소녀는 미래 지구 환경을 위해 행동하지 않는 기성세대를 질타한다.

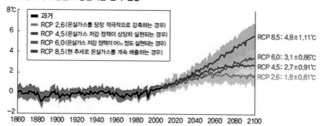

2100년까지의 한반도 평균기온 변화 전망

- 과거
- RCP 2.6 (온실가스를 당장 적극적으로 감축하는 경우)
- RCP 4.5 (온실가스 저감 정책이 상당히 실현되는 경우)
- RCP 6.0 (온실가스 저감 정책이 어느 정도 실현되는 경우)
- RCP 8.5 (현 추세로 온실가스를 계속 배출하는 경우)

RCP 8.5: 4.8±1.11℃
RCP 6.0: 3.1±0.86℃
RCP 4.5: 2.7±0.91℃
RCP 2.6: 1.8±0.81℃

※오른쪽에 제시된 온도 값은 1971~2000년 평균기온 대비 2071~2100년 평균기온 상승폭임(음영 영역은 표준편차를 의미)
※RCP는 기후변화정부간협의체(IPCC)의 온실가스 배출 시나리오
출처: 한국 기후변화 평가보고서 2014

5℃ 상승

- 히말라야의 빙하 소멸
- 중국 인구 25%에 거주 영역 영향
- 해양 산성화 가속, 해양 생태계 변화
- 해수면 상승으로 작은 섬들과 뉴욕, 도쿄 등 도시 수장

4℃ 상승

- 30~50%의 물 감소
- 아프리카에서 최대 8,000만 명 말라리아로 사망
- 해안지역 인구 최대 3억명 홍수 피해

3℃ 상승

- 유럽에서 10년마다 심각한 가뭄 발생(10억 ~ 40억 명 물 부족)
- 기근 피해자 5억 5,000만 명 증가
- 최대 300만 명이 영양실조 사망
- 최대 50%의 생물 멸종 가능성, 아마존 밀림 파괴 시작

2℃ 상승

- 남아프리카와 지중해에서 물 공급량 20~30% 감소
- 열대지역 농작물 크게 감소 (아프리카는 5~ 10%)
- 아프리카인 최대 6,000만 명 말라리아에 노출

1℃ 상승

- 안데스산맥의 작은 빙하 녹음(5,000만명 물 부족)
- 매년 30만 명 기후관련 질병으로 사망
- 영구 동토층 녹아 러시아와 캐나다의 건물 및 도로 손상
- 10%의 생물 멸종 위기

〈온도 상승별 영향〉[9]

---

9 출처: 국토환경정보센터.

얼마 전 한국의 조천호 전 국립기상과학원장은 "기후 위기, '위기라고 못 느끼는 것'이 더 큰 위기다."라고 하면서 인류가 맞을 재앙을 성경에 나오는 '소돔과 고모라'의 멸망에 비유했다. 지난 100년간 지구 온도는 1℃ 상승했다. 이는 감지할 수 있는 위험이다. 우리는 항상 기후 위기를 느끼며 사는 건 아니다. 폭염이나 산불이 날 때마다 감지한다. 그러나 여기서 온도가 0.5℃ 더 올라가면 전 세계적으로 여러 가지 일이 발생하면서 그 위험이 본격적으로 눈에 보이기 시작할 것이다. 지금 추세라면 그 시기는 2040년이 될 것이라는 게 조천호 전 국립기상과학원장의 예측이다.

파리 기후 협약에서는 지구 온도 상승 폭을 2℃ 이내로 억제해야 한다고 했는데, 2℃를 돌파하면 지구가 자기 증폭적으로 생명을 말살할 것이라고 한다. 기후 위기는 전 세계에 동시적으로 오지 않는다. 가난한 나라가 먼저 타격을 입는다. 우리야 자동차를 돌리고 공장도 운영하며 살지만, 후세대는 온실가스 배출도 못 하는 상황에서 우리가 온실가스로 끼친 피해를 처리해야 한다. 원인 제공자가 즐기고 끝나면 이를 뒤처리해야 하는 세대가 다르다. 세대 간의 정의 문제 역시 걸려 있다.

서구는 재생 에너지 발전 비율이 50%에 육박한다. 지난 10년간 이미 선진국은 산업 기술 혁신을 통해 태양광 패널과 배터리 가격을 85%까지, 풍력 발전 설비 비용은 50%까지 떨어뜨렸다. 석탄이나 원자력은 그렇지 않다. 후쿠시마 사고 이후 원자력은 안전 기준 강화 때문에 비용이 2배 정도 상승했다고 조 원장은 얘기한다.

우리는 영원히 경제를 성장시킬 수 있을 것인가를 자문해야 한다. 지구는 유한하고 인간의 욕망은 끝이 없다. 자연은 팬데믹으로, 자연재해로 우리에게 메시지를 주지만, 우리는 못 들은 척한다. 이제는 어쩔 수 없이 들어야 할 재앙들이 몰려올 것이다. 자본주의, 소비주의, 물질주의로 이루어진 과잉 생산의 시대를 멈춰야 한다.

인구 감소와
고령화 사회

통계청의 장래 인구 추계 결과에 따르면 2029년부터 인구 성장률이 마이너스로 돌아서서 총인구가 본격적으로 감소할 것이라는 전망이다. 인구 절벽 시대가 오고 있다. 코로나와 직접적인 상관은 없지만, 인구의 축소는 미래를 예측하는 주요한 요인 중 하나이다.

사람들은 노동력의 감소와 그에 따른 소비의 감소를 걱정하고 있다. 그러나 앞으로 육체 노동력은 로봇이 대체할 것이다. 되려 청년 실업 문제가 이슈화되는 지금 청년들에게는 양질의 일자리를 찾게 해 주는 기회가 될 수도 있다.

　결국, 가장 큰 시장은 노인 세대이므로 실버 관련 산업은 지속해서 커질 것이다. 마케팅도 구매층이 높은 실버 마케팅을 진행해야 할 것이다. 미국에서는 라이블리(Lively) 노인 케어 서비스가 냉장고, 출입문, 약품 케이스 등에 센서를 달아서 고령층의 동작을 감지하고 데이터를 수집해서 건강을 관리해 준다. 24에이트(24eight)는 미국 통신사 AT&T와 협력해 고령층의 발 움직임 감지 압력 센서를 단 스마트 슬리퍼를 개발해서 압력과 보폭 등을 측정해 평소 걸음과 달라지면 가족과 의사에게 알려 사고를 예방한다. 앞으로 이러한 실버 비즈니스들이 봇물 터지듯이 쏟아질 것이다.

　노인들도 사회 안전망이 기본 소득을 제대로 지켜줄 수 없으므로 일을 더 해야 하는 시기이다. 그리고 한국 사회처럼 공식 은퇴 시기가 빠른 나라도 없다. 50대에 은퇴하면 나머지 50년은 무엇을 하나. 단지 소득 차원의 문제가 아니라, 개인의 자아실현과 인간성 회복을 위해서 나머지 인생을 의미 있게 살 수 있도록 개인과 사회가 고민해야 한다.

부동산의 미래

코로나와 4차 산업의 여파로 앞으로 상업용 부동산은 전망이 밝지 않다. 비대면 사회로의 전환과 이미 오프라인 유통 업체들도 온라인 쇼핑으로 전환 영향을 받고 있다. 사람이 많이 모이는 극장, 쇼핑몰, 문화 공간들은 점점 자리를 잃어갈 것이다. 재택근무의 확산으로 굳이 사람이 많이 모여야 할 필요도 없으니 큰 건물도 필요 없다.

미국에는 지역마다 큰 쇼핑몰들이 많다. 하지만 최근에는 아마존 등의 온라인 쇼핑이 늘어나면서 망해 가는 쇼핑몰들이 많다. 온라인 쇼핑몰이 잘되니, 물건들을 보유할 창고용 부동산은 공급이 달리는 상황이다. 한국도 물류 센터의 수요가 늘어나리라 생각된다.

비상업용인 개인 주택 전망은 예측이 쉽지 않다. 한국의 경우에는 공급과 수요 외에도 정부 정책이 변수이기 때문에 예측이 특히 쉽지 않다. 이에 대한 연구나 자료도 찾기 쉽지 않다. 다만, 수축 사회, 저성장으로 들어가면 수요가 줄 것이라는 게 개인적인 생각이다. 일본의 잃어버린 30년의 저성장 사회를 따라가게 되면 개인 주거용 부동산도 하락할 수 있다. 그러니 제일 어려운 것이 한국 부동산 예측인 것 같다.

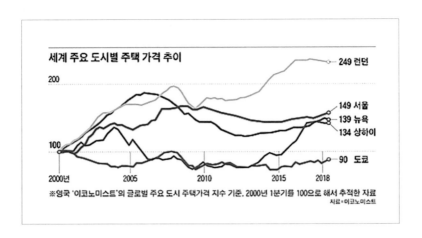

세계 주요 도시별 주택 가격 추이

200

249 런던

149 서울
139 뉴욕
134 상하이

100

90 도쿄

2000년　　　2005　　　2010　　　2015　　2018

※영국 '이코노미스트'의 글로벌 주요 도시 주택가격 지수 기준. 2000년 1분기를 100으로 해서 추적한 자료
자료·이코노미스트

개인주의의 심화

　코로나로 인해서 사회적 격리를 준수하다 보니 개인주의가 더 심화될 것이다. 바이러스 공포는 남도 못 믿고, 나 자신도 못 믿게 한다. 무증상 감염자가 많기 때문에 혼자인 것이 제일 속 편하다. 또한, 4차 산업혁명은 개인주의를 강화한다. 혼자서 안 되는 기술이 없다. 또한 한국에서는 젊은 층의 혼밥, 혼술, 싱글족의 증가로 개인주의가 가속화되고 있다. 1인 가구의 비중이 날로 증가하는 추세이다.

　이러한 개인주의는 자칫하면 무관심주의와 이기주의로 연결될 수 있다. 나 혼자 살기도 바쁜데 남을 신경 쓸 여력이 없고, 나의 안전이 제일이라고 생각할 수도 있다. 또한, 외로움 때문에 우울증에 걸릴 위험도 있다. 하지만, 온라인의 발달로 새로운 공동체가 생겨나고 있고, 자기의 가치와 취미로 언제든지 느슨한 공동체를 이루며 사는 젊은이들이 있기에 아직은 희망적이다. 또한 개인주의로 정치적 무관심을 보일 거라고 생각했지만, 얼마 전에 치러진 4·15 선거에서는 코로나에도 불구하고 청년들이 대거 투표에 참여했다는 긍정적인 뉴스를 보면서 희망을 품을 수 있었다.

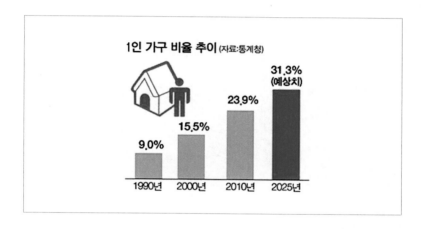

혐오 사회

코로나로 인해서 중국이 세계로부터 미움을 사고 있다. 미국에서 사는 저자로서는 코로나 이후에 미국에서 벌어진 인종 혐오 사건을 다룬 뉴스를 보면서, 이제는 인종 혐오가 노골적으로 드러나는 현상을 보면서 마음이 착잡해진다. 독일에서는 어떤 한국인 유학생이 지하철에서 독일 시민 5명에게 둘러싸인 채로 심한 욕설을 들으면서 조롱당했는데, 그 뉴스를 보고나서는 분노를 느꼈다.

중국에서는 아프리카 출신들이 묵을 호텔이 없어서 길거리에서 노숙하고 있고, 흑인들을 코로나바이러스 전염자들로 여기고 노골적으로 무시하고 혐오하는 것을 본다. 그동안 세계에서는 인권 문제가 보편화되어 인권 평등의 가치를 미덕으로 여기며 살아가고 있었다. 그러나 그중 제일이라고 하는 미국에서조차 인종 차별이 은근히 있었으며 이제는 코로나를 계기로 그것이 수면위로 드러나고 있다.

무언가 큰일이 터지면 사람들은 핑곗거리를 찾는다. 일본 관동 대지진(1923년) 때는 한국인 약 6천 명이 학살당하였다. 지진을 틈타 조선인들이 우물에 독을 타고 약탈, 방화했다는 거짓 소문이 돌아서 무고한 조선인들이 학살당하였다. 문제가 생기면 누군가를 희생양으로 삼는다. 코로나가 발생하니 이번에는 각 선진국이 중국에게 책임을 돌린다(물론 정황상 당연한 것이지만).

한국도 이제는 다민족 사회가 되어 가는 중이다. 그러나 아직도 한국 사회는 단일 민족 패러다임을 벗어나고 있지 못한 것 같다. 동남아시아 등의 후진국 국민들을 무시하는 것을 보면 미국에서 사는 나로서는 좀 의아해진다. 미국에서 한국인은 소수 민족이라 여기서 숨죽이고 살아 봐야 이방인의 서러움을 조금이라도 알까. 한국에서 외국인 노동자들을 착취하거나 학대했다는 뉴스를 보면 아직도 갈 길이 멀었다고 생각한다.

이제는 혐오가 인종, 지역, 사회 계층 간, 세대 간에서 보편적으로 발생하는 현상이 되었다. 대화보다는 거짓 정보로 무장하고 SNS를 통해서 급속도로 퍼지면서 오해가 오해를 만든다. 기술은 발달했으나 21세기에도 성숙한 사회와 인류 평화는 더욱 퇴보할 수 있다.

한국에서는 인터넷 댓글로 사람들을 많이 혐오하는 것 같다. 근거 없이 루머를 퍼트리고 비방하며, 억눌린 분노를 무익명성을 핑계로 마구 배출한다. 앞으로는 집에 있는 시간이 많아지면서 억눌린 감정들을 혐오 에너지에 더 많이 사용할 수도 있다.

5년 만에 두 배 늘어난 사이버 명예훼손
(단위:건)

1만4661
(1만5504)

1만1988
(1만5840)

9372
(1만5207)

7447
(1만3502)

1만1534
(1만4322)

2014년 2015 2016 2017 2018
※( )안은 일반 명예훼손   자료:대검찰청

탈종교화 vs 신이 필요한 시기?

코로나로 인해서 더욱 탈종교화가 일어날 것이라는 전망과 오히려 무신자들이 신을 더 찾을 수도 있다는 전망이 나오고 있다. 특정 장소에 모여야 하는 공간 신앙들이 코로나를 계기로 사람들이 모일 수 없게 되자 사람들이 일상의 영역에서 신을 찾기가 어려워졌다는 얘기이다. 온라인으로 예배를 드려도 예배당에 모여서 하는 것만큼 못 느끼는 것이다. 그러다 보니 점점 신앙을 잃어 간다는 측면이 있다.

그리고 극우 보수 기독교인들이 사회적 격리를 무시하고, 신천지 교인들이 코로나를 더 퍼트리는 가운데 무신론자들은 더 탈종교화하고 있다. 공동체 의식이나 사회 규범이 없는 미신적 신앙처럼 보이기 때문에 굳이 광신 집단에 속할 이유를 찾지 못하는 것이다.

코로나 이전에도 이미 4차 산업 시대의 도래와 더불어 사람들이 점점 종교를 갖지 않게 되었다. 막스 베버(Max Weber)와 에밀 뒤르켐(Émile Durkheim)은 미래에는 사람들이 종교와 멀어지리라고 예견했다. 종교는 인간의 무지에서 비롯된 것이므로 과학적 논리가 확대 적용되면서 신이 필요 없어지리라고 생각했던 것이다. 기술의 발달로 인간 수명의 연장과 기술이 신의 영역들을 넘보기 때문에 더 이상 신을 찾지 않는 환경들이 오는 것이다. 모르는 것은 인공지능에게 물어보면 된다. 의료 기술의 발달로 수명이 연장되면서 죽음에 대한 공포가 점점 사라지고 있다.

얼마 전에는 교황이 로버트 휴 벤슨이 1907년에 쓴 장편 소설인 『세상의 주인(Lord of the World)』을 가톨릭 신자들에게 추천했다. 인류가 탈종교화하는 과정에서 신을 더 찾아야 한다는 메시지를 던져주고 있다. 『멋진 신세계』나 『1984』보다 몇십 년 전에 쓰인 책으로 디스토피아 소설의 원조라고 볼 수 있다. 책에서 묘사된 미래 사회는 예리하며 작가의 상상력이 돋보인다. 집필 당시는 산업혁명과 기술 발전, 경제 성장, 무신론과 마르크시즘, 우생학 등으로 인간의 무한한 능력을 낙관하던 시절이었기에 세속적 휴머니즘을 비관하는 프리즘으로 미래 예측 소설을 쓴 것은 대단한 통찰력이다. 대량 파괴 무기, 하늘을 나는 교통수단, 초고속 통신망 등 100여 년 뒤의 미래를 예측한 것도 놀랍지만, 과학 기술에 대한 맹목적 믿음 속에서 신성과 초자연성이 무시되는 정신적 변화를 예언한 점이 오늘날 우리의 현실을 반영하고 있다.

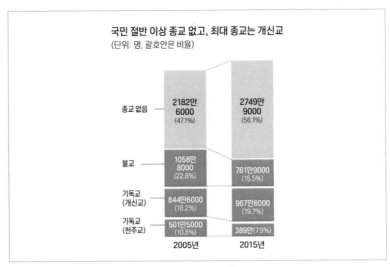

국민 절반 이상 종교 없고, 최대 종교는 개신교
(단위: 명, 괄호안은 비율)

종교 없음   2182만6000 (47.1%)   2749만9000 (56.1%)

불교   1058만8000 (22.8%)   761만9000 (15.5%)

기독교 (개신교)   844만6000 (18.2%)   967만6000 (19.7%)

기독교 (천주교)   501만5000 (10.8%)   389만(7.9%)

2005년   2015년

〈탈종교화 현상〉**10**

한편으로는 코로나의 유행은 언제든 우리가 죽음에 직면한다는 생각을 일으켜 자신의 실존이나 절대자에 대한 생각을 많이 하는 계기가 되기도 한다. 최근 미국 CBN 뉴스에 의하면 성경책이 코로나 이후로도 잘 팔린다는 기사가 있다. 코로나바이러스로 종교적 관심이 폭증해서 기독교책 판매량이 20~30% 늘어났다는 기사이다. 또한 '믿음', '신', '기도' 키워드 검색도 증가했다고 한다. 뉴스는 비신자들도 기도하는 습관을 갖는 중이라고 소개했다. 퓨리서치의 설문 조사 결과에 의하면 크리스천과 비크리스천 모두를 포함하여

---

10   출처: 문화선교연구원.

미국인의 55%가 코로나바이러스 확산을 멈추게 해 달라고 기도하고 있다고 한다. 심지어 전혀 기도하지 않았던 이들의 15%와 비종교인 24%도 기도하는 것으로 나타났다.

우리는 바쁜 일상에서 죽음을 외면하고 살고 있다. 스티브 잡스는 죽음은 최대의 발명품이라고 했다. 누구도 죽음을 피해 가지 못한다. 죽음을 생각하면 나의 존재 이유와 어떻게 살아야 하는지를 고민하게 된다. 이 세상에 보이는 것뿐만 아니라 사후 세계에도 관심을 가지며 이 땅에서 사는 의미를 고민하게 된다.

공간 신앙, 이분법적 신앙, 기복 신앙의 한계

신천지 교회로부터 폭발적으로 증가한 코로나 확진자들은 오프라인 공간에서 모이지 못하도록 함에도 정부와 술래잡기를 하며 몰래 모여서 자신들의 신앙을 지키려 한다. 이처럼 대부분의 종교가 공간 신앙에 머무르다 보니 특정 예배당이나 사찰에 가야 절대자가 있다고 생각한다. 그곳에 모여서 신성하다고 생각하는 관념이 코로나 기간에도 강하게 작용했다. 이는 신천지 교회뿐만 아니라 기존의 개신교에서도 강하게 나타났다. 필자는 교회가 정부의 지침에도 아랑곳하지 않고 모여서 예배를 강행하는 것을 보았다.

대부분의 신앙 기관이 온라인으로 예배를 드리다 보니, 기존의 공간 신앙이 무너지는 모습이다. 원래 신앙 가치를 적용하는 곳이 우리의 일상이므로 한 장소에 가야만 신성하다는 것은 과거의 관념이다. 우리의 일상에서 신앙을 살아내야 하는 계기를 코로나가 만들어 준 것이다. 우리의 삶과 신앙을 결합해서 총체적인 삶을 살아야 하는 게 신앙인의 자세이다.

필자 역시 온라인으로 예배나 모임을 해 보니 처음에는 약간 어색하다가 이제는 편하다. 문제는 이러한 코로나 팬데믹이 지속해서 오면 우리의 예배 문화, 공간 신앙의 문화가 파괴된다는 점이다. 굳이 장소가 필요하지 않으니 건물들의 의미가 없어지고 많은 헌금 등의 재정이 건물에 들어가지 않으니 종교 기관은 헌금을 자기를 위해 쓰지 않고 되려 구제 같은 사회 환원적인 사업에 쓸 기회를 얻을 수 있다. 즉, 온라인화로 인해서 종교 기관이 린 경영(Lean Management)**11**을 할 수 있게 되었다.

또한 코로나는 기복 신앙의 한계를 느끼게 하는 계기가 되었다. 신을 믿으면 코로나 같은 재난이 나를 피해 간다는 자기중심적 신앙관에서 벗어나게 해 주었다. 중세 시대에 페스트가 만연할 때도 갑자기 사람들이 더 기도하고 교회에 나가고 했지만, 수많은 사람이 죽는 좌절을 맛보았다. 이로 인해 신 중심적인, 기복적인 신앙에서 벗어나면서 르네상스 시대가 왔다는 얘기가 있다. 이번 코로나

---

11 자재 구매에서 생산, 재고 관리, 유통에 이르는 모든 과정에서 손실을 가장 적게 하여 경영을 최적화하는 기법.

를 계기로 해서 많은 종교가 기존의 패러다임을 벗어날 때가 되었다. 삶에서 신앙 가치를 살아내는 것이 중요하고, 언제든 죽음이 우리를 덮칠지 모르니 어떻게 살고, 왜 사는지 고민하는 것은 이제 일반인들의 숙제이다.

환경 문제에
무관심한 종교들

종교들은 기복화될수록 개인 생존의 문제에만 관심을 둔다. 종교에서 승진, 축복, 자녀 대학 합격 같은 얘기들만 하니 세상과 환경에 대한 관심은 뒷전이다. 이웃과 사회, 환경에도 사랑을 전하는 것이 뭇 종교의 핵심이지만, 현실은 그렇지 않다. 크리스천인 저자로서는 특히 기독교의 환경 무관심을 지적하고 싶다. 성경의 땅을 정복하고 번성하라는 의미를 문자적 해석으로 왜곡하여 환경을 그냥 인간이 착취해야 할 대상으로 보고 있다.

성경에는 소돔과 고모라가 의인 10명을 못 구해서 불에 탔다는 얘기가 있다. 오늘날 인류 욕망의 끝은 인류의 멸망이 될 수도 있다. 우리의 삶을 바꾸는 것이 회개이다. 이는 관념적이고 눈물이나 찔끔 짜면서 하는 기도가 아니라 우리 개인과 사회의 삶의 방식에 대한 반성과 전환을 의미한다. 그동안 우리의 탐욕을 되돌아봐야 한다. 특히, 코로나로 인해서 극단적 종말론을 보이는 종교들이 생겨났다. 중요한 것은 내일 지구가 망해도 오늘은 사과나무를 심어야 하고, 우리 일상에서의 의무와 책임은 지속되어야 한다는 점이다.

지구의 종말을 종교적 관점에서 막연히 인간의 죄에 대한 심판으로 보고, 나만 구원받았네 하는 이기적 신앙관이 아닌, 인류와 지구를 같이 걱정해 주고 같이 살아야 하는 구원관으로 바꾸어야 한다. 앞으로 우리의 종교는 뉴노멀 시대에서도 새로운 가이드를 제시하고 인류의 영혼들을 위로해야 하지만, 아직 종교계도 과거의 패러다임에서 벗어나고 있지 못한 듯하다. 코로나 이후에는 모든 종교가 환경에 더 신경을 쓰고 인간이 자연과 더불어서 사는 법을 고민해야 한다.

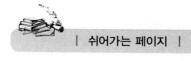
신을 믿는 것

아무런 열정도

마음의 갈등도

불확실한 것도, 의심도

심지어는 좌절도 없이 신을 믿는 사람은

신을 믿는 것이 아니다.

그는 다만

신에 관한 생각을 믿고 있을 뿐이다.

– 미구엘 드 우나무노(류시화 시집『사랑하라 한번도
상처받지 않은 것처럼』중에서)

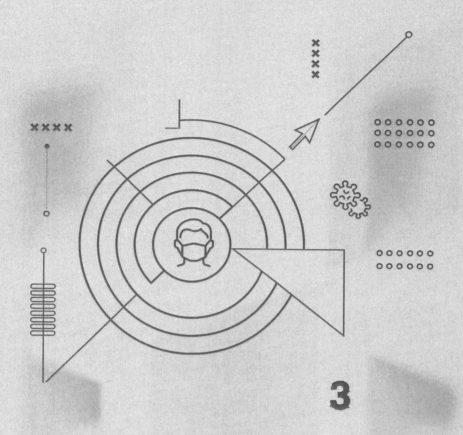

3

뉴노멀, 어떻게 살아야 하는가 1

패러다임의 전환

근대를 보면 자본주의와 공산주의의 대결이 자본주의의 승리로 끝난 듯하다. 대안적인 모델도 인간의 이기심과 인간의 부조리 앞에서 지속되지 못하고 있다. 그러나 이제는 제3의 대안을 마련해야 한다. 이제는 그렇게밖에 될 수 없는 세상이 올 것이다. 코로나는 이제 한 번이 아니라 다른 이름으로 자꾸 우리를 괴롭힐 것이다. 더욱 강력한 쓰나미나 환경 재난들이 공격해 올 것이다. 이것이 지구 종말로 갈지, 말지는 우리가 하기 나름이다. 지구와 조물주가 우리에게 사인을 보내 주는데, 우리가 읽지 못하는 것일 수도 있다.

미국의 언어학자 촘스키는 『누가 세상을 무엇으로 지배하는가』에서 인간을 자본주의 체제하에서 시스템에 순종하며 소비를 위해서 살아가야 하는 존재로 보고 있다. TV나 영화를 통해서 전달되는 메시지에서 우리는 욕망을 세뇌받게 된다. 그런 인위적인 욕망에 의해서 우리는 소비의 벽에 갇히게 되는 것이다.

환경주의자들이 아무리 외치고 툰베리 같은 깨인 어린 환경주의자가 소리쳐서 깨우려 해도 세상 사람들은 자기 삶을 사느라 바쁘고 국가들도 경쟁에서 지지 않기 위해 권투처럼 나만 가드를 내릴 수는 없다. 그러나 이제는 모두 다 가드를 내리고 서로 노력해야 하는 때가 온 것이다. 지구는 무한대로 성장할 수 없다. 지속 가능성을 이제는 필수로 생각해야 하는 때가 온 것이다.

대부분 일자리가 없고 할 일이 없는 시대에는 무엇을 할 것인가? 이는 실존적인 문제이고 새로운 상상력이 필요하다. 좌우 진영 논리 패러다임의 싸움으로는 해결할 수 없다.

인간을 생산 요소적인 의미로 보던 근현대적 공업의 관점에서 인간이 목적이 되는 시대가 와야 한다. 남을 돕는 사회, 문화사회로 이행되어야 한다. 고대 그리스 사회는 노예가 일을 해 주면 나머지 사람들은 철학자가 되고 여가를 즐기는 일을 하였다. 로봇이나 인공지능이 우리의 일을 해 준다면 우리는 남는 시간에는 더욱더 인간 본연의 가치를 만들 일을 해야 한다.

총체적으로 지속 가능한 사회, 생태적인 사회로 가야 한다. 경제 지표만을 최고로 하는 것이 아니라, 환경과 사회구성원을 신경 쓰는 총체적 관점의 지표가 필요하다. 돈과 탐욕이 동기가 되어서 움직이는 사회는 종말할 수도 있다. 새로운 동기가 되는 사회가 되어야 한다.

성경에는 주기적으로 빚진 자들의 채무를 탕감하고 노예를 풀어

주며 땅을 쉬게 해 주는 안식년이나 희년제도(禧年制度)의 시행이 나와 있다. 성경에서 얘기하는 안식년이나 희년제도가 실제로 행해진 역사는 없다. 그러나 이제는 조물주가 지구와 환경, 인간이 정기적으로 쉬어야 하는 때를 코로나를 통해서 억지로라도 선사한 것이다. 우리가 계속 우리 삶의 패턴을 바꾸지 않으면 코로나 같은 전염병은 더 자주 찾아올 것이다. 아직은 생태주의자, 환경주의자들이 주장하는 가치들이 소수설이다. 그러므로 이렇게 살아가는 방식을 바꾸는 것은 지금까지 살아가던 것의 반대 방향으로 살아가야 하는 것이다.

기술이 발달하면 그에 따르는
기술 철학이 필요하다

4차 산업이 발달하면서 우리는 여러 가지 딜레마에 빠진다. '코로나 같은 방역 시스템을 위한 국민들의 사생활 침해는 어디까지 허용될 것인가?', '드론이 돌아다니면 어느 정도까지 사생활 영역을 허용할 것인가?', '무인 자동차가 사고를 내면 누구의 책임인가?', '인간 복제를 허용할 것인가?' 등 예전에 고민해 보지 못했던 이슈들이 수없이 생겨나고 있다. 그러니 미리 고민하고 생각할 철학적인 토대를 마련하지 않으면 당황하게 될 뿐이다. 소설 『프랑켄슈타인』은 철학 없는 과학만능주의를 꼬집고 있다. 우연히 발명(?)한 인조인간을 무책임하게 버리고 난 뒤 벌어지는 일은 오늘날에도 적용되지 않을까? 과연 과학자들이 기술 철학과 윤리까지 공부할 정도로 여유롭지는 않다는 생각이 든다.

우리는 기술의 발달이 인간에게 편의와 유익을 준다고 가정하지만, 그만큼 부작용도 많다. 기술 발전에 대한 철학이 뒷받침되어야 우리가 개발한 기술에 휘둘리지 않고 이를 올바로 사용할 수 있다. 그래서 기술 철학의 필요성이 대두되고 있다. 아직 그 분야는 미개척 분야라 이 분야를 연구한 학자도 많지 않다. 또한, 기술의 발달과 더불어서 이를 뒷받침할 만한 인문학적 정신과 윤리가 필요하다. 4차 산업으로 기술이 신의 위치에 올라 전지전능한 일을 할 수 있게 된다면 우리는 어디까지 허용할지 미리 정해놓고 인간을 위한 기술이 되도록 미리 정신적인 토대를 만들어 놓아야 한다. 그렇지 않으면 기술이 뇌 없는 괴물이 되어서 인간을 지배할 날이 올 것이다.

예전에 산업혁명이 시작될 때 기계들 때문에 일자리를 잃은 노동자들이 기술을 거부하며 기계들을 부수고 불태우는 러다이트 운동이 있었다. 이제는 4차 산업혁명을 맞이하여 신기술을 폐기해야 한다고 주장하는 신러다이트(Neo-Luddites)가 나올 수도 있다.

프랑스의 신학자이며 철학자인 자크 엘륄(1912~1994)은 이 시대의 가장 중요한 현상을 '기술(technique)'이라고 생각했다. 1945년 제2차 세계대전이 끝난 후 사람들은 정치 혹은 경제가 시대를 이끌어 갈 것이라고 예측했다. 공산주의·자본주의를 논했고, 지성인들은 둘 사이에서 누가 옳은지 논쟁했다. 엘륄은 기술이 모든 사람의 삶을 완전히 바꿀 것이라고 봤다. 지금 한국의 현실과 유사하다. 좌우 논리의 싸움은 의미가 없다. 지금 우리는 기술 발전으로 변화된 삶을 전 세계 곳곳에서 목격하고 있다. 엘륄은 기술 발달의 빛과 어둠의 양면을 예측한 예언자이다. 현대에도 철학과 기술의 경계에서 이를 융합하여 철학적 토대를 만들어줄 엘륄과 같은 대가가 필요하다.

보통, 정부나 기업, 대학에서는 단편적인 활용 부분에만 신경을 쓰는데, 총체적이고 시스템적인 관점에서 큰 그림을 보아야 한다. 부분의 효율화보다는 전체가 인류와 환경에 미칠 영향을 꼼꼼히 따져봐야 한다.

생명 자본주의와
생태주의

코로나의 등장이 인간의 탐욕과 지구 환경 파괴와 연관이 있다는 주장과 맞물려서 생태주의가 다시 떠오르고 있다. 생태학자인 최재천 이화여대 석좌교수는 앞으로 코로나와 같은 팬데믹이 3년마다 올 수도 있다고 경고한다. 그는 한 인터뷰에서 "그동안 자연을 보전해야 한다고 아무리 말해도 듣지 않던 사람들이, 드디어 이번에는 우리 목소리에 귀 기울이게 될지 모릅니다. 자연을 잘못 건드린 대가가 얼마나 큰지 이번에 눈으로 봤으니, 다시는 이런 일이 반복되지 않도록 삶의 방식을 바꿀 수도 있지 않을까요. 저는 이번에 어쩌면 그런 변화가 일어날지도 모른다는 묘한 기대감에 은근히 흥분하고 있습니다."라고 했다. 이제는 어쩔 수 없이 우리가 환경과 생태에 대해서 관심을 가져야 할 때이다. 안 그러면 우리가 죽을 수도 있다.

그러나, 경제 논리에 의해서 생태주의나 환경주의를 품고 성공한 국가적인 모델이나 기업 비즈니스 모델을 찾기란 쉽지 않다. 환경 논리로 가면 경제적인 이익이 남지 않기 때문에 아무리 UN이나 환경 단체들이 지속 가능성(Sustainability)을 얘기해도 이를 실제로 실천하기가 어렵다. 그러나 이제는 국가 성장 지표에 환경 지표도 넣어야 한다. 국제적으로도 기후협약 등의 공조가 필요하다. 아마 코로나 한 번으로는 힘들 것이다. 이런 팬데믹이 한 번 더 오면 움직일까.

예전에 이어령 교수가 '생명 자본주의'가 새로운 패러다임이 되어야 한다고 했을 때, 너무 이상적인 것이 아닌가 하고 생각했다. 그러나 이제는 지구 생명도 신경 쓰는 자본주의가 필요하다. 이 교수는 현시대 자본주의의 폐해를 꼬집었다. 물질이 과잉되면서 사람들의 물질에 대한 애착이 무한대로 커진다는 것이다. 그는 이를 고치기 위한 방법으로 생명 자본주의를 제안했다. 앞으로 새로운 시대에 필요한 자본은 물질이나 산업 기술이 아니라 애정을 통한 가치라고 한다. 그는 전통 경제는 끝났고 이제는 신세계로 들어서는 단계라며 생명 자본주의가 실현될 것이라고 예측했다. 또한, 개인이 공감하고 감성이란 인적 자본으로 정치·경제 활동을 해야 한다고 말했다.

미국의 철학자이며 생태주의자인 머레이 북친(Murray Bookchin)은 "생태 문제는 사회 문제다."라고 했다. 그는 경쟁과 자본 축적 및 무한 성장을 기초로 한 생활 법칙을 수반한 자본주의의 발생은 유기적인 세계를 점점 생명이 없는 상품의 집합으로 전환시킴으로써 생물권을 단순화하고 착취한다고 보았다.

앞으로 기업들도 환경친화적인 비즈니스 모델이 중요해질 것이다. 밀레니얼 세대[12]도 환경친화적인 제품과 기업에 더 호감을 가지고 있고, 코로나를 계기로 환경 및 생태 문제에 더욱 관심을 가지리라 본다.

식생활의 변화

필자는 식품 관련 컨설팅업을 하는 사람으로서 식품의 트렌드에 관심이 많다. 요즘 환경을 생각하는 소비자들이 생겨나면서 육류 대체 식품에 대한 관심이 많다. 코로나가 지구 기후 변화와도 연관이 있고, 특히 야생 동물, 심지어 가축 동물의 바이러스 전염으로 인해서 점점 육식에 대한 식습관을 다시 생각하는 소비자들이 생기고 있다.

최근 미국에서는 'Beyond Meat'과 'Impossible Food'의 두 회사가 식물성 베이스로 만든 육류 대체 식품으로 큰 관심을 얻고 있

---

12 미국에서 1982~2000년 사이에 태어난 신세대를 일컫는 말. 이들은 전 세대에 비해 개인적이며 소셜네트워크서비스(SNS)에 익숙하다는 평가를 받고 있다.

다. 'Beyond Meat'은 올해 상장하여 큰 주목을 받았으며, 'Impossible Food' 또한 일부 제품을 버거킹에서 먼저 선보인 뒤 메뉴에 추가하여 인기를 누리고 있다. 미국의 식물 베이스 식품 및 음료 시장은 현재 약 4.5조 원 규모로 추정된다. 일반 식품의 성장률보다 5배 많은 11%의 연 성장률을 보인다.

기존의 채식주의자뿐만 아니라 일반 성인 소비자들도 건강에 대한 관심의 증가와 지구 환경 문제 등을 생각하여 육류 대체 식품을 소비하기 시작했다. 현재는 전체 육류 시장의 2% 정도만 차지하고 있지만, 매년 10%의 성장세를 보이고 있다. 여러 대기업이 앞다투어 이 시장에 참여하고 있다. 주로 콩을 이용한 식물성 육류 대체 식품뿐만 아니라, 이제는 가축 세포를 배양하여 만든 대체 육류도 판매가 이루어지고 있다.

〈Beyond Burger〉[13]

---

13 출처: www.beyondmeat.com

앞으로는 지속 가능 식품(Sustainability-Driven Product)이 뜰 전망이다. 밀레니얼 세대와 Z세대들은 기업의 가치관과 가치 중심의 제품을 선호하는 것으로 알려져 있다. 윤리적 소비, 친환경, 지속 가능성이 구매를 결정하는 큰 원인 중 하나이다. 업사이클된 재생 원료를 이용한 식품들도 뜨기 시작했다. 예를 들어, 아보카도 잎으로 만든 차(Tea) 제품이 나오는가 하면, 피자 토핑으로 채소 부산물을 이용한 제품, 유제품 가공 시 부산물로 나오는 유청 단백질(Whey protein)을 이용한 음료나 건강식품 등이 있다. 또한 재생 농업(regenerative agriculture)과 관련된 제품들도 증가세이다. 미국의 지속 가능 관련 식품은 2021년까지 약 150조 원 규모로 성장할 것으로 예상된다. 현재 미국의 닐슨(Nielson) 조사 기관 리서치에 따르면 약 90%의 21세에서 34세 사이의 미국의 밀레니얼 세대들은 지속 가능한 제품에 대해서 가격이 조금 더 비싸더라도 충분히 구매할 의사가 있다고 밝힌 바 있다. 1%의 기득권층이나 트럼프처럼 돈만 밝히는 계층에 대한 반발로 의식적인 소비가 증가할 것으로 예측되며, 또한 이러한 구매 결정은 SNS 미디어나 휴대폰 등으로 결정되는 이른바 디지털화 추세이다.

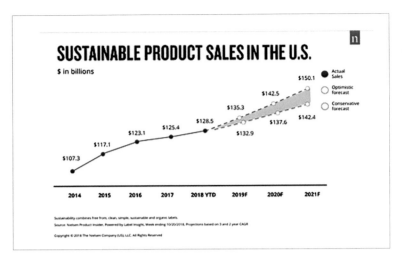

〈지속 가능 식품에 대한 증가세〉

　또한 집에서 간이 농업을 하는 사람의 수가 늘어날 것이다. 필자도 예전부터 농사와 스마트 팜에 관심이 많았지만, 바쁘다는 핑계로 이래저래 미루다가 이번 코로나를 계기로 시작했다. 식량 자급자족 시대가 올 것이라는 전망도 크다. 이제는 국가 간에도 식량이 전략 물자로 지정되어 코로나를 계기로 식량 안보가 더욱더 중요해졌다. 또한, 환경을 파괴하는 대량 농업 생산보다는 Non-GMO, Organic 등의 친환경 제품들이 더 각광받을 것이다.

〈필자가 아들들과 텃밭을 가꾸는 모습〉

총체적 경제
(Holistic Economy)

코로나가 지나고 4차 산업 시대의 경제적 패러다임에 대한 큰 논의들은 아직 없다. 아직은 산술적인 계량 경제학의 패러다임으로, 과거의 데이터에 의존해서 미래를 예측한다. 그러나 전체 맥락이 바뀐 상황에서는 색다른 경제적 패러다임이 필요하다. 필자는 앞으로의 경제가 '총체적 경제(Holistic Economy)'가 되어야 한다고 생각한다. 특히, 한국 사회에서는 공평, 정의의 문제를 거론하면 좌우 진영의 논리에 따른 이전투구를 해야 하므로 기존 좌우 진영 논리의 패러다임을 벗어나야 한다고 생각한다. 4차 산업의 도래로 인간의 실존적인 근본과 인간의 역할, 기존 경제적 패러다임의 극복 등을 고민해야 한다. 필자가 말하는 인간적인 경제는 적어도 다음과 같은 가치를 모토로 한다. 세 가지 기둥은 이 책의 맥을 잇는 큰 흐림이다.

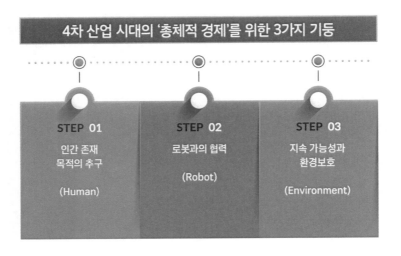

4차 산업 시대의 '총체적 경제'를 위한 3가지 기둥

STEP 01
인간 존재
목적의 추구

(Human)

STEP 02
로봇과의 협력

(Robot)

STEP 03
지속 가능성과
환경보호

(Environment)

『보살핌의 경제학(Caring Economics)』은 달라이 라마 등의 세계 석학들이 쓴 책으로 인간의 이타심이 경제적 자본이 되고 서로를 보살펴주는 경제를 제안하고 있다. 자비와 인도주의를 바탕으로 세계 공동체를 이롭게 하고 장기적인 관점에서 미래 세대와 생태계를 보살피는 경제 시스템을 만들자는 것이다. 사람은 이기심만큼이나 이타심을 발휘할 수 있고 경제 정책과 경제 활동을 선순환으로 바꿀 수 있다는 희망을 보여 주고 있다.

와튼스쿨 조직심리학 교수인 애덤 그랜트는 저서『Give and Take』에서 "조직은 크게 세 부류의 집단으로 구성된다."라고 주장했다. '기버(Giver)', '테이커(Taker)', '매처(Matcher)'가 그것이다. 이들 중 비즈니스 시장에서 성공 사다리의 맨 꼭대기에 오르는 사람은 누구

일까? 그의 연구에 의하면 기버가 가장 사회적으로 올라간다고 한다. 구분해 보자면 우리 대부분은 아마 매처일 것이다. 기브앤테이크 정신에 의해서 받는 만큼만 해 주는 것이다. 그러나 기버가 장기적으로는 더 큰 보상을 받는다는 게 애덤 그랜트의 주장이다. 트럼프가 집권하면서 미국은 더 이상 세계의 호구가 되지 않겠다고 했지만, 장기적으로는 미국이 리더십을 잃는 결과로 나타날 수도 있다.

'Inclusive Economy(포용적 경제)'니, 'Weconomy'니 하면서 수많은 경제학자와 사상가들이 여러 이름으로 자본주의의 문제를 보완하고 새로운 자본주의의 대안들을 제시하고 있다. 유럽처럼 기존의 사회적 경제를 추구하는 경우, 중국처럼 자본주의적 공산주의를 추구하는 경우, 한국처럼 나름대로 정부 주도 경제를 추구하는 경우, 미국처럼 철저한 자유시장주의를 추구하는 경우 등 여러 스펙트럼이 있다.

『21세기 자본』의 저자 피케티는 미래를 낙관적으로 내다봤다. 피케티는 '참여 사회주의(participatory socialism)' 혹은 '21세기 사회 민주주의(social democracy for 21st century)'를 대안으로 내놓고 있다. '사회주의' 노이로제가 있는 한국 사회에서는 이 단어에 정서상으로 반감을 일으키는 사람들도 많은데, 1980년대 이후 글로벌 경제에서 커지는 불평등에 대한 지적을 통해 많은 사람의 관심을 받고 있다.

그러나 이제는 4차 산업혁명의 도래로 기존의 경제 패러다임도 바뀌어야 한다. 일자리 창출과 생산 중심의 경제 패러다임에서 4차 산업 경제로 바뀌면서 다가올 압정형 사회(0.01%의 플랫폼 소유주가 부의 대부분을 차지할 시대)가 오면 과연 나머지 인간들은 어떻게 살 것인지에 대한 고민과 대안이 필요하다. 일자리 나누기도 노동 시간 단축의 과도기적 방안이 될 수 있다. 기술 향상에 따른 잉여 노동력을 사회적 경제에 투자하여 경제가 돌아가게 해야 한다. 이미 한국은 사회적 기업의 진흥을 돕고자 많은 일을 하고 있다.

요즘 경제학자 중에서 주목받는 사람이 칼 폴라니이다. 그는 공산주의나 자본주의의 신봉자가 아니라 제3의 대안 경제를 고민한 사람이다. 그는 『거대한 전환』이라는 저서를 통해 자유주의 시장에서 국가의 개입은 필수적인 것으로 보았다. 그는 자유 시장 자본주의는 이를 위해 처음 그리고 그 이후로 내내 국가의 능동적 개입을 통해 완성되고 작동했다고 주장한다. 그는 제1차 세계대전 이후 기술의 발달로 인한 문제점에 대해서 자본주의가 이대로는 안 된다고 고민했다. 이는 21세기에 4차 산업을 맞이한 지금 이 시점에서 다시 우리에게 던져진 질문이다. 폴라니의 주장처럼 다시 인간 중심의 경제를 만들어야 하는 때이다.

사회적, 환경적 가치의 국가 지표화가 필요하다. 부탄의 행복 지수는 하나의 방안이다. 물질화된 지표로 성공의 척도를 재는 것은 이제 4차 산업 시대에는 지양되어야 한다. 그동안 경제적 가격만 측정한 이유는 사회적 가치에 대한 공감대가 적었고 이를 적절히 평가하는 일도 어려웠기 때문이다. 그러나 시간이 흐를수록 GDP의 부작용이 드러나기 시작했다. GDP의 성장과 국민의 행복은 전혀 비례하지 않았다. 이제는 삶의 질과 지속 가능성을 측정하기 위한 노력이 필요하다.

매슬로의 욕구 이론에 의하면 안전과 생계의 문제를 충족시키고 나면 행복하게 사는 데 필요한 것들은 물질이 아닌 사랑, 공동체, 열정 같은 보이지 않는 것들인 경우가 많다. 요즘 SNS 같은 미디어들이 홍행하는 것은 온라인으로라도 사랑과 공동체적 소속감을 느끼기 위함이 아닐까 생각된다.

기업의 사회적·환경적 책임

미국에서 MBA 공부를 한 저자로서는 재무학 시간에 매니저의 역할은 주주의 가치를 높이는 것이라고 정의한 것에 반감이 생겼다. 미국 다수 기업의 책임이 무엇이냐는 질문은 논란의 중심이다. 주류를 차지하는 신고전주의, 신자유주의 학파는 기업은 오로지 이익 추구만 하면 된다는 견해이고 소수의 견해가 주로 기업에는 사회적·환경적 책임도 있다고 본다. 보통 '3P'라고 하여 기업은 'Profit(이익)', 'People(사람)', 'Planet(환경)'의 세 가지를 추구해야 한다고 하기도 한다.

기업의 사회적 책임(CSR: Corporate Social Responsibility)은 그 개념이 나온 지 오래고, 이미 많은 기업이 이를 채택하고 있다. 1987년 UN의 지속 가능한 성장을 해야 한다는 발표와 함께 '지속 가능성(sustainability)'의 중요성은 갈수록 커지고 있다. 다만, 미국 대통령으로 트럼프가 집권하면서 환경, 사회 문제에 대한 무관심으로 기업의 사회적·환경적 책임에 대해서 소홀해지는 경향이 있다.

이제는 비즈니스의 성공을 위해서 '사회적 대의'를 추구해야 하는 시대가 왔다. 최근에 리서치 업체 '콘 커뮤니케이션(Cone Communications)'에서 발표한 연구 결과에 의하면, 요즘 소비자의 84%는 사회적 책임 의식이 있는 기업의 제품을 꾸준히 찾고 있으며, 90%는 기만적 행위를 하는 기업의 브랜드는 보이콧할 것이라고 답했다고 한다. 특히 밀레니얼 세대들은 사회적·환경적 책임을 다하는 제품과 회사에 관심이 많다.

요즘 대기업 중에서는 SK가 사회적 책임의 가장 선두에 서 있다. 최태원 회장은 "사회적 가치 확산을 위해 임원 핵심성과지표(KPI) 가운데 SV 비중을 50%까지 늘리겠다."라는 파격적인 선언을 했다. 이익 추구가 기업 최고의 미덕으로 꼽히는 현실에서 착한 기업이 세상을 바꿀 수 있다는 게 최태원 회장의 믿음이다. 앞으로 이런 기업들이 많이 나와야 한다. SK 같은 대기업에서 미래를 내다보는 안목으로 사회적 가치 추구를 하는 것이 앞으로 제일 좋은 투자라는 생각이 든다. 이런 대기업들의 실험들이 성공해야 다른 중소기업들도 벤치마킹을 할 수 있다.

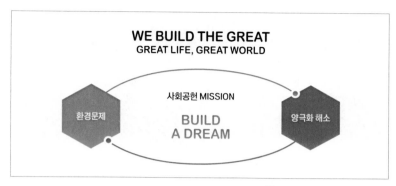

〈SK의 사회적 가치 추구 Mission〉**14**

미국에서는 파타고니아 같은 회사가 사회적·환경적 책임을 다하는 성공한 회사의 롤 모델이다. 기업의 사회적·환경적 책임은 크게 두 가지로 나뉘는데, 단순히 홍보용으로 CSR 부서를 만들어서 수익금을 기부받는 정도로 하는 소극형과 아예 비즈니스 모델 자체를 사회적·환경적 문제를 해결하는 비즈니스 모델로 만드는 적극형이다. 파타고니아 같은 경우는 환경적 가치를 비즈니스 모델에 잘 접목하여 성공한 사례이다. 미국에는 현재 'B Corp'라는 인증이 있는데, 수익뿐만 아니라 사회적·환경적 가치도 추구하는 회사에게 부여하는 인증으로 현재 전 세계 71개국 3,300여 개의 회사들이 해당 인증을 받은 상태이다. 대표적인 회사로는 다농, 벤엔제리, 파타고니아 등의 회사들이 있으며 한국에도 인증받은 기업들이 증가하고 있다.

14　출처: SK 홈페이지.

〈좌: B Corp 인증 로고/ 우: 파타고니아가 환경을 위해
"제발 우리 옷을 사지 말아요."라고 하는 이색 광고〉

　사회적·환경적 책임을 다하는 회사를 만들기는 쉽지 않다. 먼저
수익이 나야 한다. 고객이 신발 한 켤레를 사면 가난한 나라에 신발
한 켤레를 보내주던 탐스 슈즈는 처음에 센세이셔널한 인기가 있었
으나 그 비즈니스 모델은 오래 지속되지 못했다. 그렇기 때문에 사
회적·환경적 기업은 더욱 창의적이어야 한다. 예를 들어, 요즘 코로
나를 계기로 육류 생산이 원활치 않아 육류 대체 식품들이 대세이
다. 이미 지구 환경을 위해 육류 소비를 줄이자는 대세에서 식물성
단백질의 대체로 많은 미국 식품 기업이 그 시장에 뛰어들고 있다.
이처럼 사회적·환경적 추세에 비즈니스 모델까지 튼튼해야 성공할
수 있다.

　또한 사회적 기업(Social Enterprise 또는 Social Entrepreneurship)의
활성화가 필요하다. 사회 문제를 해결하고 노동 소외 계층을 흡수
하여 일자리를 창출하는 것이다. 한국의 경우에는 사회적 기업 육

성을 위한 법들이 마련되어 정책 자금을 지원받기도 한다. 그러나 미국 같은 곳은 그러한 사회적 기업에 대한 육성법이 따로 없어서 철저히 비즈니스 모델로 검증받아야 한다. 어쨌든 한국의 경우에는 창업 초기에 정부 지원금을 통해서 창업의 문턱을 낮출 수 있다는 장점이 있다. 하지만 정부의 지원금만으로는 성장에 한계가 있고 일반 기업들과 경쟁하기 어려운 점이 있으니 조심해야 한다. 앞으로 4차 산업으로 인한 노동의 감소는 사회의 문제를 해결하는 곳에 정부의 재원이 투자되어서 취약 계층의 노동력 흡수와 사회·환경 문제 해결이라는 두 마리의 토끼를 동시에 잡아야 한다.

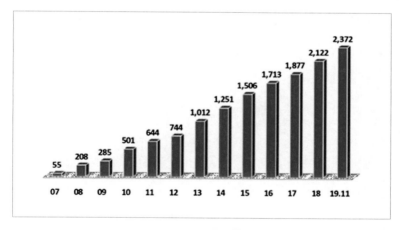

〈사회적 기업 수〉**15**

---

15   출처: 고용노동부.

재생 에너지

 지구 온난화를 막기 위해 기존의 석탄·석유 에너지에서 재생에너지로 전환되는 비율이 높아질 것이다. 에너지 경제연구원에 따르면 독일은 2050년까지 온실가스 배출량을 1990년 대비 80~95% 감축하는 것을 에너지 전환 정책의 핵심 목표로 설정하고 있으며, 재생에너지의 최종 에너지 분담률 수준을 2050년 60% 수준까지 제고하는 한편, 재생 에너지 전원 비중을 최하 80%로 확대하는 목표를 설정하고 있다. 더불어 2050년까지 1차 에너지 수요를 2008년 대비 50% 감축하는 것을 정책 목표로 설정했다. 대한민국은 재생 에너지 발전 비중 목표를 2017년(7.6%)에서 2030년(20%), 2040년에는 30~35%로 설정하고 있다.

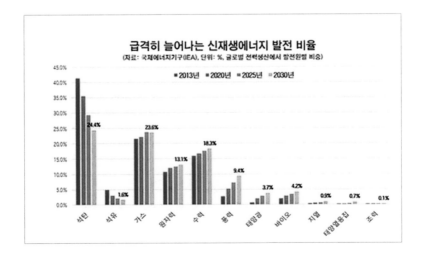

급격히 늘어나는 신재생에너지 발전 비율
(자료: 국제에너지기구(IEA), 단위: %, 글로벌 전력생산에서 발전원별 비중)

재생 에너지는 친환경 에너지 사용으로 환경 문제를 해결하는 동시에 새로운 일자리를 창출하는 효과를 가지고 있다. 국제재생에너지기구(IRENA)의 발표에 따르면 전 세계 재생 에너지 일자리는 2018년 1,098만 명에서 2030년에는 최대 2,400만 명으로 약 2.2배 증가할 것으로 예측된다. 신재생 에너지는 21세기형 골드러시, 제2의 실리콘 등으로 표현된다. 앞으로 세계 경제에서 앞서나가기 위해서는 신재생 에너지 산업을 주도하는 해외 기업들의 활동을 우리 기업들이 적절히 벤치마킹해야 할 것이다.

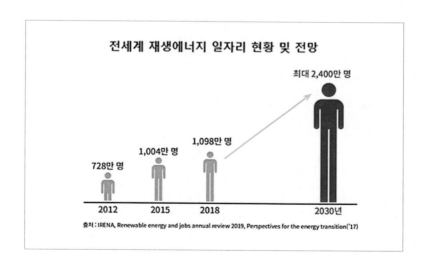

전세계 재생에너지 일자리 현황 및 전망

최대 2,400만 명

1,098만 명

1,004만 명

728만 명

2012   2015   2018   2030년

출처 : IRENA, Renewable energy and jobs annual review 2019, Perspectives for the energy transition('17)

디지컬리제이션
(Digicalization=Digital+physical)

4차 산업 시대의 화두는 디지털화이다. 코로나를 계기로 더욱 가속화되는 분야 중의 하나이다. IT, 서비스 업종은 물론이고 기존의 제조업들도 디지털화되는 추세이다. 아직 한국에는 소개되지 않은 책인 『The Economic Singularity(경제적 특이점): Artificial intelligence and the death of capitalism』에서는 6D가 4차 산업 시대의 트렌드라고 소개한다.

① Digitized(디지털화): 디지털화된다.
② Dematerialized(탈물질화): 물리적 요소가 줄어든다.
③ Demonetized(비용 제로화): 한계 비용이 제로가 된다.
④ Democratized(민주화): 공짜로 제공하는 것들이 많아진다.
⑤ Deceptive(속기 쉬운): 기하급수적인 성장은 처음에는 티가 나지 않는다. 그러나 어느 시점에부터는 폭발적으로 성장한다.
⑥ Disruptive(파괴적인): 창의적인 후발 주자의 등장은 선점하는 경쟁자를 파괴한다.

예를 들어, 지멘스는 공장의 모든 내용을 가상으로 옮기는 서비스를 제공하고 있다. 생산 원료(Virtual Product), 제조 과정(Virtual Production), 결과물(Virtual Twin Performance) 등을 디지털 트랜스포

메이션을 통해 가상 세계에 표현하여 미리 시뮬레이션을 통한 결과 예측, 제조 설비 실시간 모니터링으로 인한 사전 점검 등 비용 절감을 시켜 주는 혁신을 진행하고 있다.

얼마 전에는 제조업의 대명사인 GE도 기존의 제조업 패러다임을 벗어나서 이제는 IT 기업으로 변신한다고 선언했다. 제프리 이멀트 GE 회장은 "2020년까지 산업 인터넷에서 150억 달러(약 17조 5,050억 원), 제조 혁신 분야에서는 10억 달러(약 1조 1,678억 원)를 만들어 내겠다."라고 말한 바 있다. IT 기업이 되기 위한 GE의 핵심 플랫폼은 '프레딕스(Predix)'이다. 프레딕스 플랫폼에서 가장 혁신적인 앱 중 하나는 '물리적 기계 혹은 프로세스의 소프트웨어 모델'이라고 하는 디지털 트윈이다. 디지털 트윈이란 물리적 실체와 똑같은 디지털 복제품을 의미하는데, 이 디지털 복제품은 각종 환경 변화에 물리적 제품이 어떤 변화를 일으키는지 기록하고 있어서 시간, 기후, 이용 습관 등에 따라 제품이 어떻게 변하는지 관찰하고 데이터를 수집하고 있다.

온라인과 오프라인이 적절하게 융합된 O2O(Online to Offline) 비즈니스도 트렌드이다. 아마존은 온라인으로 성장한 회사이지만, 역으로 오프라인 매장을 설치하여 아마존의 별 다섯 개 이상의 인기 상품을 판매하는 매장을 만들고 있다.

멈춤의 시간,
사색의 시간

이번 코로나를 계기로 우리는 바쁜 일상을 접어두고 멈춤의 시간을 가지게 되었다. 전염병은 우리의 시야가 넓어지는 계기가 될 것이다. 기존에는 오로지 자기 이익만 챙기면서 살았는데, 죽음이 목전에 닥침으로써 진정한 인간으로서의 삶을 살기 시작할 수도 있다.

특히 혜민 스님의 『멈추면 비로소 보이는 것들』이란 책이 가슴에 와 닿는다. 우리는 우리 삶의 방식과 사고, 관성들, 습관들을 낯설게 하고 다시 생각할 필요가 있다. 예전에는 "앞만 보고 달려왔다."라는 말이 미덕이었지만, 이제는 "앞만 보고 달려왔다."라는 말은 위험하다. 앞만 보고 달려가서 도달한 길이 절벽인지, 한강 다리 아래인지 주변도 살펴보아야 한다. 이제는 1970~1980년대식으로 근면, 성실함만 가지고서는 성공하기 어려운 시대가 되었다. 남들보다 더 창의적이고 혁신적이어야 한다. 그렇게 되려면 우리 스스로 '왜?'라는 질문을 던져야 한다.

얼마 전 우연히 2018년도에 제작된 SBS 스페셜 〈고독 연습〉이라는 다큐멘터리를 보았다. 바쁜 일상 속에서, 청년 4명이 사흘 동안 고독 연습을 위한 감옥에서 자아를 찾아가는 과정과 IT 기업 직원들에게 20일 동안 혼자만의 사색 시간을 주는 에피소드를 보여준다. 우리는 일상이 바빠서, 또는 혼자 있는 시간이 싫어서 바쁘게 살아간다. 그러니 자아 성찰이나 생각의 근육이 없어서 깊은 사고를 하지 못한다. 여기서 인상 깊었던 것은 내가 미국 식품 공장에서 문제가 생길 때마다 그 원인을 분석하는 기법인 '5Why(왜)' 기법을 쓰면서 자아를 찾아가는 과정이었다. 이는 부록 3에 템플릿을 만들었으니 여러분도 해 보길 바란다.

인간의 실존에 관한 고민도 해야 한다. 노동 요소로서의 인간이 이제 4차 산업에서는 별로 효용이 없어진다. 그럼 인간의 존재 이유는 무엇이고 무엇을 하면서 살아야 하나? 이에 대해 각 개인과 사회, 국가가 답해야 할 때가 온 것이다.

한국 사회는 너무 바쁘게 달려왔다. 빨리빨리 문화는 좋기도 하지만 속도를 늦추거나 멈추고 도끼날을 다시 갈아야 할 때도 있다. 필자의 다른 저서인 『게으름의 경영학』에서도 얘기했지만, 이제는 '열심 주의', '빨리빨리 주의'보다는 적게 일해도 창의적으로 혁신하면 인생의 워라밸(일과 삶의 균형)을 찾고 전인격적인 삶을 살 수 있는 시대이다. 즉, 돈도 벌면서 자아도 찾고, 가족과 시간을 보내면서도 일과 균형을 찾을 수 있는 시대이다.

조직 혁신 전문가인 이가 야스요는 '슬랙(Slack)'이 필요하다고 한다. 필자는 미국 회사에서 일할 때는 일만 열심히 하는 게 미덕이라고 생각했다. 미국 사람들은 일할 때 농담도 해 가며 미팅도 하고 소위 아이스 브레이킹(Ice-breaking)을 하지만, 이민 1세대인 나로서는 농담하는 것도 부담스러울 때가 있다. 문화적인 배경이나 스포츠를 얘기하면 낄 자리가 없기도 했다. 하지만 지금 생각해 보면 한국 사람들은 너무 일 중심이다. 때로는 'Slack(느슨함)'해지면서 여유를 찾는 것이 일을 더 오래 할 수 있고, 그것이 창의성을 더 만들어 내는 요소임을 알았다. 많은 아이디어가 예상치 못한 순간에 찾아 온다. 스탠퍼드 대학의 한 연구팀은 사무실 밖을 한 바퀴 돌고 오는 것만으로도 창의적으로 생각할 수 있는 능력이 약 60% 증가한 다는 연구 결과를 발표했다.

평소 활동 범위를 벗어나 시선을 잠시 돌리고, 짧은 휴식을 취하는 것만으로도 창의적인 생각을 하는 데 도움이 된다는 것이다. 실제로 빌 게이츠나 스티브 잡스는 '자기만의 시간'을 가지고 생각을 정리해서 창의적인 결과를 만들었다고 한다.

빌 게이츠는 최근의 상황을 보고 "이는 코로나 사태가 우리에게 주는 교정의 시간이다."라고 했다고 한다. 그는 명상을 통해 삶을 성찰하는 것을 추천한다. 필자는 많은 성공한 CEO가 독서하고 명상할 시간과 공간을 일부러 마련하려고 애쓴다는 글을 읽은 적이 있다. 빌 게이츠는 고립된 산장에서 '생각 주간'을 보내는 것으로 유명하다. GE의 전 CEO인 잭 웰치는 정기적으로 하루를 빼서 생각만 하는 것으로 알려져 있다. 요즘에 한국엔 명상이니 마음 챙김이니 하는 게 유행인 것 같다. 언제나 바쁘고 정신이 팔려 있으면 멀리 보지 못한다.

4차 산업은 되려 예술가들의 시대이다. 우리는 창의적으로 생각하고 무언가를 만들어내는 예술가여야 한다. 예술가는 남들과 다른 시선으로 세상을 표현하는 사람들이다. 필자는 시를 읽으면서 시인들에게 많이 배운다. 사물을 관찰하고 통찰력을 얻고 압축해서 표현하는 방식이 마치 비즈니스를 하는 사업가와도 닮았다. 사업 기회를 포착하고, 다르게 보고, 나만의 언어(비즈니스 모델)를 가져야 한다는 점이 진정으로 비즈니스와 닮아 있다. 예술가가 되려면 자주 멈추고, 안식하고, 독서하고, 사색하라.

우리의 희망
밀레니얼 세대

밀레니얼 세대에게 희망을 건다. 어떤 이들은 요즘 젊은이들은 "X가지가 없다.", "고생을 안 해 봐서 편한 것만 하려고 한다." 등의 잔소리를 하지만, 필자는 되려 밀레니얼 세대만큼 희망 있는 세대는 없다고 생각한다. 밀레니얼 세대들은 이제 소비의 주축이 되었으며 우리의 미래를 짊어져 갈 당사자들이다. 밀레니얼 세대의 사전적 정의는 '1980년대에서 2000년대에 걸쳐서 태어난 인구 집단'이다. 전 세계 인구의 약 1/3을 차지한다. 이들의 환경은 과거 1970~1980년대 아버지 세대의 환경과도 다르고, 1990~2000년대와도 다르다.

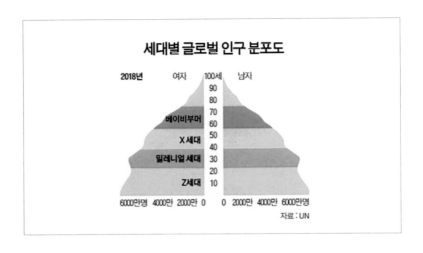

세대별 글로벌 인구 분포도

밀레니얼 세대는 인터넷 시대에서 성장한 최초의 세대이자 접속과 정보를 갈망하는 세대이다. '참여 세대'인 밀레니얼 세대, Z세대는 자신이 몸담은 조직을 설계하고자 한다. 그들은 주장이 강하고, 자신감이 넘치며, 질문이 많다. 밀레니얼 세대는 공정한 사회를 원한다. 청년 실업이 높아지면서 공정하게 경쟁하고 싶어 한다.

김난도 서울대 교수는 2019년에 밀레니얼 세대의 특징으로 8가지 키워드를 조합한 'WORKLIFE'를 발표했다.

① 'Welcome to Me World(나에게 집중하는 삶)': 퇴근 후의 일과가 중요하며 취미 생활 등의 다양한 활동에서 자신의 자아를 찾는다.

② 'Open Blindness': 휴게 공간은 남들의 시선에서 벗어난 1인용

혹은 좁은 장소를 선호하는 현상을 보인다.

③ 'Realm of hyper-Efficiencies(초효율주의자)': 회의를 위한 회의를 싫어하며, 답이 안 나오는 회의를 지양해 불필요한 시간을 최소화하고 절차보다 일의 해결을 중점적으로 생각한다.

④ 'Keep Calculators in the Head(내 머릿속의 계산기)': 회사와 본인 간의 이해관계를 분명히 하고 이해득실을 철저히 계산하며, 회사의 요구를 무조건 수용하지 않고 잘못된 부분은 개선하려고 하거나 이직을 시도한다.

⑤ 'Let's be Fair(공정성)': 밀레니얼 세대는 회사 내 위계 및 서열을 거부하고 수평적인 기업 문화를 추구한다. 공평하지 못한 것에 대한 표현이 확실한 편이며, 자기 목소리를 낸다.

⑥ 'I'm the PD of my own(프로듀스 A to Z)': 회사의 모든 업무 경험을 통해 승진보다 아웃풋이 명확한 경험 쌓기를 추구한다. 밀레니얼 세대는 전문성에 대한 갈증이 있다. 현재는 평생직장이라는 개념이 없어지며 개인의 경력이 더욱 중요해졌다.

⑦ 'Further Option Preferred[다다(多多) 옵션]': 업무 스타일에 맞게 다양한 업무 공간을 추구한다. 밀레니얼 세대들은 자신에게 딱 맞는 공간을 찾기 위해 다양한 옵션을 놓고 선택하고 있다.

⑧ 'Exhibit your office(오피스 스트리밍)': 회사에서의 일상을 데일리 룩, 브이로그 등을 통해 실시간으로 공개하기도 한다.

'YOLO(You Only Live Once: 한 번 사는 인생)'라는 단어가 밀레니얼

세대 사이에 유행이다. 이들은 한 번 사는 인생이니 의미 있고 가치 있는 삶을 추구하려고 한다. 결혼, 집 장만보다는 해외에서 한 달 살기가 유행이고, 자기의 취미와 좋아하는 일을 찾아서 떠난다. 또 소확행(소소하지만 확실한 행복)도 유행이다. 결혼하고 집을 장만하려면 대략 몇억 원이 필요하지만, 그것보다는 지금 얻을 수 있는 소소한 행복이 좋다.

<정답 사회>라는 야후 웹툰이 SNS에서 많은 사람 사이에 뒤늦게 공감대를 형성한 적이 있다. 사회가 원하는 대로, 나이대별로 해야 할 미래가 이미 정해져 있다는 사회 풍자적인 웹툰이었다. 지금의 사회는 10대 때는 좋은 대학 가기, 20대 때는 좋은 기업에 취업하기, 30대 때는 좋은 차와 집을 마련하고 결혼하기, 40대 때는 돈 잘 벌어서 자식 교육 잘하기, 50대 때는 노후 대비와 자식 좋은 대학 보내기, 60대가 되면 연금 받아서 편안한 노후 생활을 해야 하는, 즉 태어나서 죽을 때까지 이미 가야 할 길이 정해진 사회인 듯하다. 하지만 밀레니얼 세대는 이러한 세태를 거부한다. 살면서 본인이 정말로 좋아하는 일을 찾는 젊은이들이 많이 생기고 있다.

밀레니얼 세대가 주목하는 가치 소비는 맹목적인 소비를 지양하고 사회 공동체 가치에 기여하는 의식적인 소비를 지향한다. 단순히 내가 좋아하는 브랜드를 구매하는 것이 아니라 계획과 사용, 처분 등을 모두 고려한 책임 있는 소비를 함으로써 사회·환경적 불균형을 해결할 수 있는 방법을 찾는 것이다. 파타고니아 제품은 비싸기는 하지만 친환경적이고 가치를 추구하는 세대에 호소하는 바가

크기 때문에 젊은이들이 선호하는 브랜드이다.

어른들은 "라떼(나 때)는 말이야…" 하면서 꼰대처럼 잔소리를 할 필요가 없다. 그들은 그들이 알아서 잘한다. 오히려 잔소리하려는 어른들이 4차 산업혁명 시대를 맞이해서 퇴보하는 게 걱정이다. 예전에는 직장에서 10년, 20년 다니면 짬밥으로, 눈치로 나머지 직장 생활은 편하게 했지만, 이제는 SNS 마케팅이니 여러 IT 기술과 다른 가치관을 가진 밀레니얼 세대에게는 훈계가 필요 없게 되었고, 되려 어른들이 밀레니얼 세대에게 배워야 할 때이다. 이제 어른들이라고 인생을 훈계하려 들지 말고 밀레니얼 세대에게 배울 때이다.

디지털 노마드

4차 산업 시대의 키워드 중 하나는 '디지털 노마드'이다. 필자의 경우에도 2017년부터 디지털 노마드로 살고 있다. 벌써 4년 차이다. 직업이 컨설팅이라 주로 고객들을 만나지만, 미국에서 살면서 한국, 미국 전역, 타 국가(유럽, 아시아, 캐나다 등)의 고객들을 컨설팅한다. 때로는 출장을 가기도 하고, 화상회의를 하기도 하며, 주로 이메일로도 업무를 진행하는데, 그렇게 해도 일하기에 충분하다. 더군다나 코로나 사태 이후에 우리는 재택근무라는 새로운 환경을 접하면서 굳이 사무실이라는 곳에 모여서 근무할 필요성을 더욱더 느끼지 못하고 있다.

또한, 우리는 새로운 시대에 맞춰서 평생 새로운 직업을 찾는 '잡 노마드'가 되어야 한다. 사회가 정한 로드맵만 따르면 절대 만족스러운 삶을 살 수 없다. 대량 생산, 대량 소비에 맞는 교육을 받은 '제너럴리스트'가 설 자리는 사라지고, 전문가만 살아남는 시대다. 그것도 한 우물만 파는 것이 아니라, 시대 흐름에 따라서 분야를 넘나들며 변신할 수 있는 유연한 전문가만 생존할 것이다. 노마드는 한 곳에 정착하지 않는다. 물리적인 장소에 구애받지 않으며 자신의 커리어도 언제든 필요하다면 바꿀 수 있는 노마드가 되어야 한다.

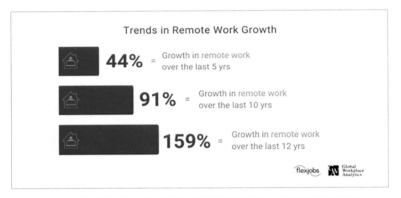

〈2020년 2월에 발표한 미국 내 향후 재택근무자 증가율. 코로나 직전인 현재는
약 470만 명이 홈 오피스에서 일한다고 한다(인구의 3.4%)〉[16]

거의 10년 전에 팀 페리스의 『4시간』이라는 책을 읽었던 적이 있다. 그때는 필자가 직장에 다니고 있을 때였는데, 그냥 일주일에 4

---

16 출처: Flexjobs.

시간만 일하면서, 돈 많이 벌고, 자기가 하고 싶은 일을 하는 저자가 부럽기만 했다. 그러나 세월이 흐르고 보니 이제는 내가 팀 페리스처럼 살고 있다. 물론 일주일에 4시간은 아니지만, 직장에 다니는 것보다 적게 일하고 돈은 더 많이 벌고 있다(필자의 전작인 『게으름의 경영학』 참조).

롭 무어는 『레버리지』에서 "더 적은 것으로 더 많은 것을 성취하는 것, 더 적은 돈으로 더 많은 돈을 버는 것, 더 짧은 시간을 투자해서 더 많은 시간을 얻는 것, 더 적은 노력으로 더 많은 성과를 얻는 것이 자본주의 속에 숨겨진 공식이다. 직장에서 오래 버티며 많은 시간 동안 일한다고 해서 돈을 버는 시대는 지났다. 최소한의 노력으로도 돈을 벌 수 있다."라고 했다. 요즘은 돈을 벌 수 있는 방법이 더 다양해졌다. 특히, 개인이 가진 콘텐츠를 SNS나 유튜브, 블로그로 활용할 수 있는 비즈니스 모델이 무수히 많다.

미래학자 다니엘 핑크는 자신의 저서 『프리 에이전트의 시대』에서 20세기에는 샐러리맨으로 대표되던 조직 인간이 사회·경제의 주체였다면, 21세기는 자유롭게 자기 삶을 조절하며 일하고 여가를 즐기는 '프리 에이전트의 시대'라고 한다. 원하는 시간, 원하는 장소에서, 원하는 만큼, 원하는 조건으로, 그리고 원하는 사람을 위해 일하기를 원하는 현대인에게 조직을 벗어나 자신의 의지대로 일하고 여가를 즐기며 살 수 있는 세상이 도래했다고 한다.

앞으론 일하는 시간에 맞춰서 보수가 따라오지 않는 사회가 될 것이다. 이제는 창의성을 바탕으로 일하는 시대이다. 필자의 경우에도 직장에서 힘들게 억지로 일한다고 해서 많은 돈을 벌 수 있는 건 아니라는 것을 깨달았다. 오히려 내가 끌리는 일을 할 때 더 많은 돈을 벌 수 있었다. 시간을 조정하면서, 가족들과 여행도 하고, 글도 쓰고, 봉사활동도 하고, 골프도 치면서 균형 있는 삶을 추구하고 있다. 한국에도 이러한 디지털 노마드가 많이 생기고 있는 것 같다.

긱 워커(Gig Worker)로 살기

한국에서는 최근 배달 앱의 발달로 긱 워커(Gig Worker)가 새로운 일자리로 등장했다. 미국에는 우버 등의 공유 차량 서비스에서부터 주문 앱, 단기 일자리를 연결해 주는 태스크래빗 앱까지 다양한 긱 워커 플랫폼들이 존재한다. 업무의 일부를 프로젝트 단위나 모듈 단위로 잘라서 독립 계약자에게 아웃소싱하는 서비스들이 많아졌다. 고용이 불안정해지고 기업들은 풀타임 정직원 뽑는 것을 부담스러워한다. 플랫폼 비즈니스가 생겨나면서 긱 워커가 점점 늘어나고 있다.

긱 워커란 재즈 연주자들이 임시로 팀을 만들어 공연을 한 데서 유래된 말이다. 요즘은 여러 개의 아르바이트를 하는 사람들이나 배달 앱 긱 워커에 뛰어든 자영업자나 은퇴 후 대리운전을 하는 등 그 종류가 다양하다. 'N잡러'라고 부르며 동시에 여러 가지 일을 하는 사람들이 생겨나고 있다. 청년들이 아예 취업을 포기하고 긱 워커로 진입하는 경우도 늘어나는 추세이다.

국내 **특수형태 근로종사자 현황** (단위:만명)

신 특수고용 노동자
55

1인 자영업자에 가까운 특고 노동자
91.4

임근 근로자에 가까운 특고 노동자
74.5

통계청 발표 특고 노동자
50.6

자료:통계청·노동연구원

『긱 워커로 사는 법: 원하는 만큼 일하고 꿈꾸는 대로 산다』의 저자 토머스 오퐁은 온라인 플랫폼의 등장으로 긱 워커가 많이 생길 것이라 예상하며 유연 근로의 장점을 얘기한다. 독립형 근로자로서 미래에 더 많은 일을 할 수 있고 장소에 구애받지 않는 디지털 노마드들이 많이 생기고 있다는 것이다.

예전에 농경 사회에서는 많은 사람이 긱 워커였다. '9 To 5'의 근무 형태를 갖춘 것은 얼마 되지 않았다. 농경 사회에서는 일이 있으면 일하고, 없으면 쉬는 자연스러운 고용 형태가 기본이었다.

긱 경제에서는 고용이 불안하다는 단점이 있지만, 근로자들이 각자의 일정에 맞춰서 가장 생산성이 높은 시간대를 택해 업무를 처리할 수 있다. 기업들은 점점 정규직 채용을 하지 않으며, 직장인들은 언제 회사가 망할지, 언제 퇴직을 강요당할지 모르는 불안함에 시달려야 한다. 긱 워커로 여러 가지를 시도하다 보면 자신의 재능을 발견하여 자신에게 맞는 것을 찾아서 이를 전문화할 수 있다. 요즘은 택배 기사, 배달 앱 종사자 중에서도 억대 연봉의 사람들이 나온다. 또한, 긱 워커가 디딤돌이 되어서 자기가 원하는 꿈을 시도할 수도 있다.

『긱 워커로 사는 법: 원하는 만큼 일하고 꿈꾸는 대로 산다』에서는 긱 워커를 다음의 네 가지로 분류한다.

① 프리 에이전트: 정규직으로 일할 능력이 있지만, 자발적으로 프리랜서가 되기로 한 사람들. 자기 고용을 선호한다.
② 시간제 긱 워커: 정규직으로 일하면서 추가적인 수입이나 자아성취를 위해 틈틈이 긱 워커로 일하는 사람들이다.
③ 비자발적 긱 워커: 정규직으로 취업하지 못해서 어쩔 수 없이 긱 워커가 된 사람들. 이들은 정규직 취업에 성공하면 바로 긱 워크를 그만둘 것이다.
④ 저소득 긱 워커: 본업의 수입이 너무 적어서 선택이 아니라 필요에 의해서 긱 워커가 된 사람들이다.

스마트폰 활용

스티브 잡스가 아이폰을 개발한 후로 오늘날 우리의 삶은 완전히 바뀌었다. 손안에서 모든 일이 가능해진 것이다. 스마트폰으로 웬만한 업무는 손안에서 다 할 수 있다. 그러나 한편으로는 어린이들이 스마트폰에 중독되는 등 어릴 때부터 중독 현상이 나타난다고 걱정이 많다.

최재붕 교수의 『포노 사피엔스』에는 세 가지 선택이 나온다. 새로운 문명을 이끌 것인가, 따를 것인가, 아니면 비켜서고 말 것인가? 포노 사피엔스 문명을 얼마나 잘 받아들이느냐의 여부에 따라서 그 선택이 나뉜다고 한다.

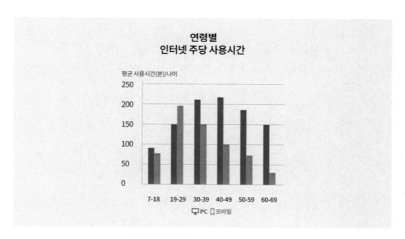

〈연령별 인터넷 주당 사용시간〉[17]

---

17 출처: SKT.

전문가들은 스마트폰으로 인해서 우리의 집중력과 사고력이 떨어진다고 얘기한다. SNS가 전염성이 강한 이유는 콘텐츠를 만들기도 쉽고 공유하기도 쉽기 때문이다. 대부분의 사람은 페이스북, 인스타그램에 쏟는 시간이 엄청나다. 시간 도둑이다.

레이 브래드버리의 소설 『화씨 451』은 독서가 불법이어서 책을 불태우는 등 인간의 생각을 통제하는 미래를 그린 작품이다. 소설 속에서는 사람들이 점점 책을 읽지 않아, 진실을 추구하는 열린 토론은 더 이상 힘을 발휘하지 못하게 된다. 그런 현실에서는 자극적인 유튜브의 가짜 뉴스에 쉽사리 빠져든다. 전문가들은 오래 사고하고 판단하는 능력이 떨어진다고 경고한다.

필자는 얼마 전에 SBS 스페셜 <난독 시대>라는 다큐멘터리를 보았다. 한국 고등학생들의 국어 독해력과 어휘력이 점점 떨어진다는 내용이었다. 스마트폰으로 즉각적인 반응은 하지만, 깊이 있는 사고와 문장을 읽고 논리적으로 사고하는 능력이 떨어지고 있다는 소식이었다.

SNS 미디어를 이용하는 시간과 고립감 간에는 상호연관성이 있으며 정보를 열심히 공유하는 사람일수록 더 외롭다고 느낀다고 하는 전문가도 있다. SNS의 발달로 가벼운 일상은 같이 공유하고 나누지만, 어두운 자신의 내면을 나누기는 힘들다. 깊이 있는 대화가 결여되고 예쁜 사진과 부러워할 만한 콘텐츠만 보여 주고 싶은 사람의 이면에는 고립된 자아가 있다.

그럼에도 불구하고 스마트폰에는 장점이 더 많다고 생각한다. 필자는 미국에 있기 때문에 한국의 책을 사서 읽기가 쉽지 않은데, 요즘은 밀리의 서재 등 각종 앱이 있어서 일정 요금만 내면 책을 마음껏 볼 수 있어서 좋다. 짬짬이 스마트폰 앱으로 독서를 즐기고 있고, 이를 통해 1년에 약 230권의 책을 읽는 것 같다. 또한, 스마트폰 이메일 기능도 업무 시간을 줄여 준다. 어디든 내가 가는 곳이 사무실이 되게 해 주는 데는 스마트폰의 역할이 크다. 이제는 컴퓨터가 아니라 모바일로 쇼핑과 여러 활동을 할 수 있도록 내 손안의 세상으로 비즈니스 기회도 들어오지 않을까 예상한다.

융합 학문의 필요성

4차 산업 시대에서는 사회 현상들이나 문제들이 복잡하고 애매하다. 하나의 관점으로 보면 판단하기가 쉽지 않다. 무에서 유를 창조하기보다는 있는 것들을 연결하는 능력이 필요하다. 과학과 인문학이 만나고, 경영과 예술이 만나야 한다.

만남보다는 융합이라는 말과 통섭이라는 말이 더 적합한 말이다. '통섭'은 본래 'Consilience'의 번역어이다. 진화생물학자 최재천 교수가 그의 스승인 에드워드 윌슨의 『Consilience』를 번역하면서 '병렬적 수준의 통합이나 융합을 넘어서 새로운 이론을 찾으려는 범학문적 접근'을 의미한다는 뜻으로 '통섭'이란 말을 고안하였다. 4차 산업 시대에서 필요한 것이 통섭이다.

스티브 잡스도 엔지니어 출신이 아니다. 그는 스탠퍼드 대학을 중퇴하고 자기가 듣고 싶은 동양 철학, 불교에 심취하거나 캘리그래피 수업을 청강하는 등 자기 관심 분야를 꾸준히 공부하였다. 나중에 애플의 혁신적인 콘셉트를 만든 단순함을 불교와 미술 공부에서 배운 것이다. 또한 많은 IT 기업의 회장들은 모두 엔지니어를 전공한 것이 아니다. 테슬라의 일론 머스크는 대학에서 경제학을 전공하고 박사 과정은 재료과학과 물리를 전공했다.

예전의 위인들도 알고 보면 다방면의 팔방미인이다. 레오나르도 다빈치도 화가, 수학자, 해부학자, 발명가 등 다양한 일을 했고, 벤저민 프랭클린도 정치가, 사업가, 발명가 등의 재능을 가졌다. 연암 박지원 선생도 사상가, 발명가, 생물학자, 시인 등의 다양한 재능을 가졌다. 대학 전공이라는 재능은 근대화가 만든 기계화되고 부품화된 인간을 만드는 수단으로는 유용했으나, 4차 산업 시대는 팔방미인을 요구한다.

또한, 미국에서 살다 보면 미국은 정말 스포츠를 좋아하는 나라라는 것을 알 수 있다. 어렸을 때부터 보통 몇 종류의 스포츠를 배우고 이를 학교에서 병행하는 경우가 많다. 한국처럼 공부는 젖혀 놓고 운동하는 학생은 운동만 하는 것이 아니라, 운동하려면 일정 점수 이상을 받아야 스포츠를 병행할 수 있다. 즉, 좋은 학교는 학교 성적도 보고 스포츠 선수를 뽑는 경우가 많다. 필자의 아들도 현재 고등학교에서 야구를 하고 있지만, 공부 또한 밤새 코피가 나도록 하고 있다. 얼마 전 신문에서는 세인트루이스 카디널스의 전

투수가 의사가 되어 코로나 환자를 치료하고 있다는 기사를 보았다. 이처럼 투수가 의사가 될 정도로 기본이 되어 있다.

필자의 경우도 학부는 화학공학과를, 석사는 MBA(박사도 경영, 졸업하지 못하고 수료)를 수료했고, 변리사 공부, 미국 부동산 자격증(Salesperson이 아니라 한 단계 위의 Broker이다), 미국 세무사(EA), 식품 공장 근무 경력 등의 경험이 있다. 이 경험들이 어우러져 오늘날 식품 컨설팅이라는 일을 하고 책도 쓰고 있다. 이제는 한 우물만 파선 안 된다. 우물을 파다 물이 안 나오면 여러 개를 파야 한다. 같은 우물 안에 사람이 많으면 나는 특이하게 여러 개의 우물을 동시에 제공하는 능력이 있어야 한다.

기술의 발전도 필요하지만, 사람에 관한 공부도 필요하다. 그리고 조직과 회사를 경영할 경제·경영 지식도 필요하다. 그리고 4차 산업 시대에서 우리는 예술가처럼 창의적인 창작을 해야 한다. 그리기 위해서는 부지런히 독서도 하고 틈틈이 자기가 알고 싶어 하는 분야도 꾸준히 공부해야 한다.

시스템적 사고의
필요성

경영학에서 나온 시스템적 사고는 필자가 미국 식품 공장에서 근무하면서 적용한 이론이다. 우리의 일, 삶, 사회적인 현상도 시스템적 사고로 풀 수 있는 경우가 많다. 특히, 4차 산업과 불안 사회, 복잡 사회를 살아가기 위해서 쓸 수 있는 유용한 툴이다. 피터 센게(Peter M. Senge) MIT 슬론 경영대학원 교수는 "기업 경영에서 일차원적인 평면 사고 패턴이 나타나는 것을 경계해야 한다."라고 말한다. 그는 이에 대한 대안으로 '시스템 사고(System Thinking)'를 제시했다. 시스템 사고는 시스템을 분절적·단편적으로 보는 기존 기업의 평면적 사고에서 벗어나 연결된 시스템 전체를 파악하는 입체적 사고를 말한다. 부분 최적화보다는 전체 최적화를 추구하는 것이다. 피터 센게 교수의 『학습하는 조직』에서는 시스템 사고적 경영을 학습하는 조직 문화와 접목하여 더욱 효과적인 경영 기법을 만든다. 지면상 다 설명할 수는 없지만, 그중 몇 가지 요점만 소개하면 다음과 같다.

① 시스템의 구성 요소들은 상호 작용을 한다. 원인은 다른 사건의 결과일 수도 있다. 근원을 찾아야 한다.
② 시스템의 선순환은 요소들의 인과관계를 잘 이해했을 때 발생한다.
③ 시스템의 악순환이나 부작용은 인과관계를 잘 모를 때 발생한다.
④ 인과관계를 모르면서도 안다는 확신 때문에 악순환이 계속되고, 결국 시스템이 붕괴한다.
⑤ 시스템의 구성 요소 각각을 푸시하면 부분 최적화가 발생한다.

⑥ 시스템의 인과관계를 살펴서 킹핀 요소를 찾으면 전체 최적화가 된다.

결국 코로나를 그냥 하나의 현상으로 보고 근본적인 원인을 보지 않으면 악순환의 부작용을 또 만들어 낼 수 있다. 그래서 이 책에서도 코로나 전후를 감싸고 있는 4차 산업의 트렌드라는 큰 맥락에서 보고자 한 것이다.

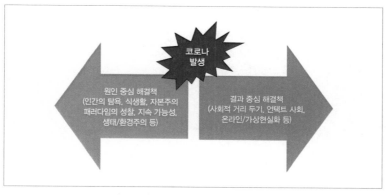

〈시스템적 사고로 본 코로나 사태〉

디자인 씽킹
(Design Thinking)

필자는 디자인 씽킹에 관심을 가지고 이를 여러 가지 사회문제나 내가 봉사하는 미국의 노숙자 문제에도 적용하고 있는데, 디자인 씽킹은 앞으로 4차 산업 시대에서 우리가 기업, 사회, 봉사활동에 유용하게 사용할 툴이 될 수 있기에 간단히 소개한다.

디자인 씽킹(Design Thinking)이란 미국의 디자인 컨설팅사인 아이디오(IDEO)사에서 적극적으로 활용하여 유명해진 툴이다. 기존에 제품을 생산하고 마케팅을 하는 과정에서는 철저히 제조자 중심으로 만들어서 정작 이를 사용할 소비자의 불편이 많았다. 디자인 씽킹은 디자인 과정에서 디자이너가 활용하는 창의적인 전략이다. 간단히 그 특징을 소개하면 다음과 같다.

첫째는 사용자 중심이다. 제조자 중심이 아니라 사용자가 사용할 제품과 서비스의 관점에서 봐야 한다.

둘째는 대화를 중요시하는 프로세스이다. 대화, 인터뷰, 카드놀이 등으로 사용자의 의도와 니즈를 읽어내는 것이 중요하다.

셋째는 완벽을 추구하지 않고 바로 사용에 들어간다. 프로토타입을 제작하고 사용자에게 피드백을 듣고 수정하는 작업을 통해서 완벽함에 이르게 된다.

디자인 씽킹의 장점은 이와 같다. 필자는 4차 산업과 같은 복잡하고 급변하는 과정에서는 탁상공론하며 책상에서 아무리 계획을 짜 봤자 소용이 없다고 생각한다. 제품이나 서비스를 빨리 출시하고 상황을 봐 가면서 빨리 계획을 수정해야 한다.

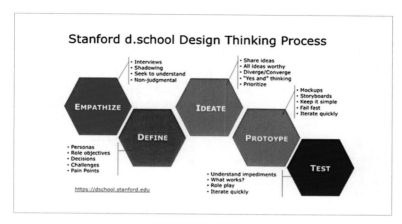

〈디자인 씽킹 과정〉[18]

초연결자가 되라

『초연결자가 되라: 세상을 바꾼 창의적인 사람들만이 가지고 있는
비밀』의 성유진 저자는 현재 전 세계의 주목받는 리더들은 대부분
제너럴리스트군에 속하는 스페셜리스트들이라고 한다. 나만의 전
문성을 가지고, 다른 분야나 업무를 파악하거나 의견을 포용할 줄
아는 넓은 시야를 가진 제너럴리스트군의 스페셜리스트가 진정한
리더로 인정받고 있다고 한다.

베인앤컴퍼니 회장은 이러한 사람을 '엑스퍼트 제너럴리스트

---

18 출처: 스탠퍼드대학교.

(Expert-generalist)'라고 소개한다. 금융 서비스부터 자율 주행, 인공 지능까지 남들보다 미래를 먼저 본 일론 머스크가 대표적인 엑스퍼트 제너럴리스트이다. 'T'자형 인간이라고도 하는데, 여러 분야의 학문과 경험을 융합해서 새로운 것을 창조해내는 인재를 말한다.

스티브 잡스도 아이폰을 만들어 냈지만, 엄밀히 말하면 그가 만든 것이 아니다. 기존에 존재하던 기술들의 연결자가 된 것이다. 우리는 신이 아니기 때문에 창조 과정에서 '발명'이라는 말보다는 '발견'이라는 표현을 써야 한다.

말콤 글래드웰은 『티핑 포인트』에서 커넥터(연결자)를 소개하면서 '인맥을 만드는 데 뛰어난 능력을 갖춘 사람', '당신을 사회와 연결하는 사람', '전 세계 수많은 하위문화와 틈새시장을 확장해서 연결할 수 있는 사람'을 커넥터라고 규정하며 앞으로 21세기에 필요한 사람이라고 말한다.

김정운 교수의 『에디톨로지의 시대: 창조는 편집이다』는 4차 산업에서 필요한 인재상을 보여 주고 있다. 정보는 차고 넘친다. 그렇기 때문에 학생들이 평준화되어 군이 지식을 무식하게 외울 필요도 없다. 필요한 정보를 유용하게 편집하여 사용하는 능력이 필요한 것이다. 필자는 과거에 학교에 다닐 때 과에서 편집부장을 역임했다. 그냥 모여서 책 읽고 술 마시는 모임이었지만, 가끔 책도 냈다. 거의 이십여 년이 흐른 지금에서야 그때 내지 못한 책들을 내고 있다. 작년에 4권의 책을 냈고 2020년 4월에 지금 이 책을 쓰고 있는 것이다.

미니멀리즘

필자는 평소 환경문제나 지나친 물질주의에 회의를 느끼고 미니 멀리스트로 살려고 한다. 그러나 미국에서 이렇게 살기는 쉽지 않다. 그나마 페이스북의 미니멀리스트 동호회에 가입해서 서로 정보를 교환하는 정도이다. 그러나 미니멀리스트가 되려고 하는 사람들은 많다. 자본주의 미국 사회에 살면서 비물질주의로 산다는 것은 진짜 어려운 일이다. 상품 과잉의 시대, 식료품 과잉의 시대에 살면서 엄청난 양의 쓰레기도 만들어 낸다. 이렇게 살아도 되나 반문한 적이 한두 번이 아니다.

몇 년 전에 넷플릭스에서 본 〈미니멀리스트(Minimalist)〉는 상당히 신선했다. 미국에서 저렇게 살려고 하는 청년들이 있다는 것에 희망이 생겼다. 〈미니멀리즘〉 다큐멘터리의 주인공인 라이언과 조슈아는 대기업의 높은 연봉을 버리고, 미니멀리즘에 대해 알게 된 후로 진정한 행복을 찾게 되었다. 그들은 이제 미니멀리즘을 세상에 알리기 위해 책을 쓰고 강연을 하러 다닌다.

조지 소로우의 『월든』은 오늘날에도 우리에게 반향을 일으키는 작품이다. 많은 것을 소유하지 않아도 행복할 수 있다. 특히, 미국에는 'paycheck-to-paycheck'[19]으로 살아가는 사람이 많다. 월급을 받아서 고스란히 집세, 자동차 할부, 보험, 카드값을 내면서 사

---

19 저축하지 않고 그달에 번 것을 그달에 쓰며 살아가는 라이프 스타일 유형.

는데, 주객이 전도되어 있다는 생각이 많이 든다. 사용료를 내려고 일하는 건지, 꼭 물질과 돈의 노예가 된 느낌이다. 결국 소유를 줄이고 행복을 늘려야 한다. 특히, 한국 사회처럼 남들의 시선이 중요한 사회에서는 상대적 박탈감이 클 것이다. 그러나 나는 나대로 살아야 한다. 부러워하면 지는 거다.

아리스토텔레스가 강조했었던 '유데모니아'는 의미를 중시하는 행복의 개념이고, 쾌락주의 철학자들이 주장하는 '헤도니아'는 상대적으로 즐거움과 재미를 중시하는 행복의 개념이다. 헤도니아에서 유데모니아로 가야 하는 시대이다. 에리히 프롬의 말처럼 우리는 소유보다는 존재에 먼저 의미를 두어야 한다. 4차 산업으로 더욱더 기술은 발달하고 대중들은 생각 없이 군중처럼 몰려도 우리의 실존 의미는 계속 추구되어야 한다.

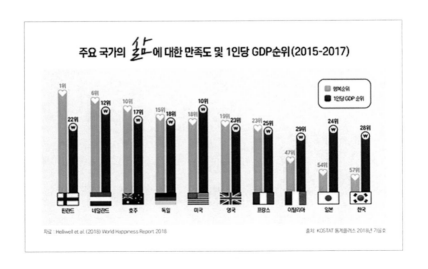

관심사 모임 만들기
-멀티 페르소나 세상

앙드레 고르는 자신의 책『Reclaiming Work』에서 미래에는 노동력이 과잉 공급되는 노동 시장에 대해 노동 시간 단축, 기본 소득 보장, 문화 사회로의 이행이 새로운 대안이 될 수 있다고 주장한다. 우리는 남는 시간에 무엇을 해야 하나? 특히 한국에서는 주 52시간제의 실시로 많은 직장인이 공부도 하고, 취미생활도 하면서 새로운 자아를 찾고 있다.

필자의 경우도 본업인 컨설팅 외에 글쓰기, 노숙자 및 해외 봉사 활동, 골프 등 여러 가지 활동을 하고 있다. 점점 취미의 영역들, 의미 있는 봉사의 영역도 늘릴 것이다. 예전에는 직장 하나만 다니기에도 벅찼다. 그러나 이제는 시간의 부자가 되고 있다. 얼마 전에는 에밀리 와프닉이 지은『모든 것이 되는 법』을 읽고 많은 도움을 받았다.

한 직장에서 일하는 것을 천직으로 여기던 시대는 지나갔다. 자기 직장은 자기가 만들어야 하고, 통섭·융합을 통해 여러 가지 경험과 통찰력·창의력이 경쟁력을 만들어 줄 것이다. 에밀리 와프닉은 '모든 것'이 되려면 다음과 같은 능력이 있어야 한다고 한다. 아이디어 통합 능력, 빠른 습득력, 적응력, 큰 그림을 그리는 사고력, 연관 짓기와 통역하기. 또한, 그는 일에 대해 '왜?'라는 질문을 던지라고 한다. 직업을 통해 돈을 벌지만, 돈이 전부는 아니라는 점을 말하며 결국 직업을 선택하는 데 시간을 소모하지 말고 인생을 설계하라고 권한다. 오늘도 다람쥐 쳇바퀴 도는 인생을 산다면 생각해 봐야 한다.

마이크로·제로 창업의 시대

나심 탈레브의 『안티프래질』에 나오는 칠면조의 비유를 보면서, 우리의 직장과 직업이 이제는 4차 산업과 여러 리스크들 때문에 우리를 책임져 주지 않는다는 사실을 알아야 한다. 푸줏간 주인이 칠면조에게 1,000일 동안 먹이를 주면서, 칠면조는 주인이 자신을 사랑한다고 느끼고 믿음을 키우지만, 1,000일이 지나고 추수감사절이 되면 제물이 되는 줄은 꿈에도 모른다. 우리도 칠면조처럼 직장에 온몸을 바쳤지만, 추수감사절 칠면조가 될 수 있는 시대에 살고 있다. 직장은 나를 책임져 주지 않는다. 칠면조가 되지 말자.

미래학자 제러미 리프킨은 『한계비용 제로 사회: 사물인터넷과 공유경제의 부상』에서 미래에는 재화나 서비스를 생산하는 데 들어가는 비용이 거의 제로에 근접하리라고 예측했다. 웬만한 정보의 접근 가능성과 인터넷의 발달로 기존의 부동산, 인프라가 크게 들어가는 전통적인 창업 방식에서 점점 아이디어만으로 창업할 수 있는 기회가 늘어나고 있다.

사람이 비즈니스 모델이 되는 사회로 가고 있다. 마이크로 창업

형태도 증가할 것이다. 한국에서는 1인 창업자의 수가 점차 늘어나고 있다.

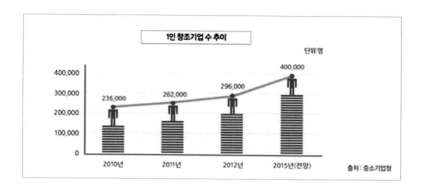

『퍼펙트 스톰』의 저자는 세계 곳곳에서 다윗과 골리앗의 대결이 벌어지고 있다고 보고 있다. 대기업의 우위성이 감소하고, 과업 중심형 소기업 및 소호(SoHo) 기업들의 비중이 커진다는 것이다. 다시 말해서 인터넷으로 전문가 수준의 정보와 지식을 확보한 개개인이 네트워크와 플랫폼을 통해 집단 지성으로 발전하고, 시간과 공간의 한계를 뛰어넘어 다양한 협업과 분업을 통해 생산과 소비의 새로운 슈퍼 파워를 발휘할 수 있는 이른바 디지털 소호 경제의 시대가 올 것이라고 본다.

사람이 비즈니스 모델이 되는 시대가 오고 있다. 그런데 최근 몇 년 동안 초일류에 대한 이런 흐름은 기업에서 개인으로 완전히 이동하게 되었다. 이른바 지식 정보 사회에서 관심 연결 경제로 시대가 이동하면서 사람들은 이제 제품 자체에 대한 의식보다는 그것을 기반으로 활동하는 사람들의 스토리 자체에 더 주목하는 경향을 띠게 되었다.

콘텐츠의 시대가 오면서 개인의 콘텐츠 개발과 이를 이용한 비즈니스는 더욱더 쉬워지고 있다. 무자본 창업이 대세이다. 필자도 무자본으로 시작해서 몇 년째 컨설팅을 하고 있다. 자신의 경험과 지식이 어느 분야이든, 이를 콘텐츠 비즈니스로 발전시킬 수 있다.

『없어서 창의적이다』의 권업 저자는 알리바바 마윈의 창업 상황에서 나타난 3무를 소개한다. 마윈은 돈이 없고 기술이 없으며 계획이 없는 가운데서 창업했다. 그래서 더욱 창의적이었고 끈기를 가지고 했다. 마윈은 생존에 필요한 자질인 '회복탄력성', '자기 조절 능력', '대인관계 능력', '긍정성'을 알리바바의 성공 요인으로 꼽는다.

애자일(Agile)이 생명이다

미국의 벤처 투자가 로저 맥나미(Roger McNamee)가 저성장, 저소득, 저수익률, 고위험을 특징으로 하는 새로운 글로벌 경제의 특성을 제시한 이후로, 2000년대 후반의 글로벌 경제 침체기를 지나며 애자일(Agile)은 현시대의 글로벌 경제 환경을 대변하는 상징적인 용어로 자리 잡았다. 코로나 이후의 불확실하고 불안정한 환경에서는 애자일(Agile: 영어로는 '신속한') 경영이 유용한 생존 수단이 될 것이다.

이제는 선형적 환경이 아니기 때문에 여러 변수를 고정하여 중장기 계획을 세우기가 어렵다. 많은 기업이 자신들이 세웠던 5~10년 계획이 하루아침에 휴지통에 들어가는 상황을 보면 여기에 힘을 쏟아부을 필요가 없다.

반면, 성장 마인드셋은 애자일 경영에서 중요한 핵심이다. 장재웅, 상효이재가 지은 『네이키드 애자일』에서는 성장 마인드셋에 기반한 애자일 경영은 생물학적 '진화'의 원리와 비슷하다고 비유하면서 진화의 관점에서 보면 완벽함이라는 것은 애초에 존재하지 않는다고 한다. 지속되는 적응 과정이 반복될 뿐이다.

책 『네이키드 애자일』에서 말하는 성장 마인드셋의 특징은 다음과 같다.

① 최선을 다하고 배우고 발견하는 과정에서 성공을 찾는다(자신의 우월성을 증명함으로써 타인을 정복하려는 함정에서 벗어난다).
② 실수와 실패로 좌절감을 느끼기보다는 오히려 이를 자극제로 삼는다(실패를 인정하고 공감을 구하는 일에 익숙하다).
③ 성공과 성장을 위한 전략과 프로세스를 관리할 줄 안다(동기가 부여되는 것과 그렇지 않은 것, 어떤 전략이 통하고 통하지 않는지 끊임없이 실험하고 개선한다).
④ 끝까지 포기하지 않고 도전하는 근성(Grit)을 가지고 있으며 이마저도 배울 수 있는 것이라 여긴다.

애자일 경영에서는 전체적인 큰 그림을 보게 하는 '시스템적 사고', '자기 조절 능력'과 '학습하는 조직'을 중요한 요소로 본다. 사건의 한 부분만 보고 원인을 찾지 않는다. 많은 사람이 코로나의 방역과 치료만 얘기하지만, 애자일 경영자는 더 근본적인 원인과 장기적인 트렌드를 읽어내고 변화의 파도를 타는 사람이다(시스템적 사고). 또한 애자일 경영자에게는 변화된 환경에서 새로운 적응력으로 변화에 맞춰 자기를 조절해서 금방 맞춰 가는 능력(자기 조절 능력), 그리고 어떠한 새로운 분야와 지식도 필요하다면 학습해서 자기의 역량으로 만드는 능력(학습하는 조직)이 필요하다. 애자일 경영에서는 일을 하면서 동시에 학습하는 것, 학습하다가 이를 즉각적으로 업무에 응용하는 것이 핵심이다.

애자일 경영을 재즈 연주에 비유하기도 한다. 악보 없이 연주자들의 즉흥적 감흥에 의해 훌륭한 작품을 만들어 내는 것이다. 제2차 세계대전에서 일본군이 미군과의 전투에서 패배한 원인을 보면, 일본군은 작전 계획을 열심히 짜서 행동에 옮기지만 전쟁 상황이 바뀌면 융통성 없이 원래 작전 계획대로 진행하다가 망하는 경우가 많았다. 반면에 미군은 각 야전 지휘관에게 위임하는 위임권이 많았다. 그때그때 상황을 판단해서 전쟁을 이끌어야 하기 때문이다. 너무 자세하게 짠 계획은 언젠가 변화의 급물살에서 자기 발목을 잡을 수도 있다.

회복탄력성(Resilience)

어려운 시기에 가장 필요한 마인드가 '회복탄력성'이다. 전화위복이라는 말이 있듯이 고난이 오면 항상 그 이면에는 기회도 온다. 성공하는 사람은 역경을 이겨낸 사람이다. 코로나 같은 역경에서도 어떤 사람은 잘 견디며 내일을 준비하는 사람이 있고, 어떤 사람은 망연자실하며 과거에만 집착하면서 옛날 추억을 놓지 못한다.

『회복탄력성: 시련을 행운으로 바꾸는 유쾌한 비밀』의 저자 김주환은 "회복탄력성은 자신에게 닥치는 온갖 역경과 어려움을 오히려 도약의 발판으로 삼는 힘이다. 성공은 어려움이나 실패가 없는 상태가 아니라 역경과 시련을 극복해낸 상태를 말한다. 떨어져 본 사람만이 어디로 올라가야 하는지 그 방향을 알고, 추락해 본 사람만이 다시 뛰어 올라가야 할 필요성을 절감하듯이, 바닥을 쳐 본 사람만이 더욱 높게 날아오를 힘을 갖게 된다. 이것이 바로 회복탄력성의 비밀이다."라고 말한다.

한국인들은 DNA에 회복탄력성(resilience)의 마인드가 있다. IMF도 잘 이겨냈다. 금 모으기 운동을 하면서 온 국민이 열심히 살았다. 조그만 나라가 5천 년 역사 동안 외세의 침략으로 풍전등화처럼 많은 어려움을 겪었지만, 잘 버텨내고 나라가 망하지 않은 기적과 같은 일을 이뤄냈다. 그 뒤엔 강한 정신력이 있지 않나 싶다. 국난 극복이 취미인 나라, 대한민국.

한국은 처음에 코로나로 확진자가 급증할 때 절망하지 않고 차분하게 방역하면서 잘 막아냈다. 이제는 되려 한국을 모델로 삼아서 코로나를 이겨내려는 나라들이 생겨나고 있다. 앞으로 21세기는 이러한 위험 사회의 도래로 누가 더 위험을 피해가느냐보다는 누가 위험과 절망을 더 빨리 극복하느냐에 달려 있다.

제2차 세계대전 당시 아우슈비츠 수용소에서 살아남은 유대인 정신의학자인 빅터 프랭클이 쓴『죽음의 수용소에서』책은 오늘날 코로나로 절망에 빠진 우리 사회가 한 번쯤은 읽어 봐야 하는 책이라 생각한다. 빅터는 수용소에서 짐승처럼 대우받고 그나마 자기가 쓰던 연구 원고까지 빼앗기며 동물 같은 취급을 받는다. 그러나 그런 처참한 환경 속에서 그는 인간이 자기 행동의 선택권을 가질 수 있다는 것을 깨닫게 된다. 강제 수용소라는 벗어날 수 없는 똑같은 환경 속에서 사람들의 모습이 여러 가지 양상으로 나타나는 것을 보면서, 인간이 어떤 종류의 사람이 되느냐를 결정하는 것은 그 개인의 내적 선택의 결과이지, 수용소라는 환경이 아니라는 사실을 깨닫게 된다. 최악의 환경에 놓여있는 사람도 스스로 정신적으로나 영적으로 어떤 사람이 될 것인가를 선택할 수 있다는 것이 이 책의 핵심이다.

그렇게 하려면 고난을 바라보고 해석하는 능력이 필요하다. 이 일이 단지 재수가 없어서 나에게 일어난 일이 아니라 무언가 의미를 찾아낼 수 있고 기회로 삼을 수 있다는 긍정적인 스토리텔링이 필요한 것이다. 고난을 이겨내는 것도 습관이다. 한 번 이겨본 사람은 또 이기기 쉽다. 누구나 실패한다. 그러나 성공한 사람은 실패 후에 그래도 한 번 더 일어나는 사람이다.

폐쇄 사회 vs 열린 사회

코로나 발생 이후에 중국의 은폐로 코로나가 더욱더 전 세계로 확산되었다. 중국의 반투명 체제가 코로나 발생을 전 세계에 빨리 알리지 않아서 골든 타임을 놓쳤고 이제는 각국으로 퍼져버렸다. 전 세계 국가가 중국을 상대로 줄소송을 걸고 있고, 탈중국화와 중국 제품에 대한 신뢰도도 추락했다. 반면에 한국 정부의 투명한 코로나바이러스 대응으로 인해서 한국의 이미지는 올라가고 제품의 신뢰도 또한 올라갔다. 중국산 질 나쁜 마스크와 의료 장비의 오작동으로 인해 반품 사례가 줄줄이 늘어나고 병 주고 약 주는 식의 처사라며 전 세계가 분노하고 있다.

『열린 사회와 그 적들』의 저자인 카를 포퍼는 열린 사회와 대립되는 닫힌 사회가 전체주의 사회라고 비판한다. 포퍼는 혁명과 보수적인 견해 사이에서 점진적인 사회 변혁을 꾀하면서 전체라는 미명하에 수많은 개인을 제물로 요구한 정치적 전체주의가 얼마나 미신이며 허구인가를 폭로한다.

처음 우한에서 코로나가 발병했을 때 이원량이라는 젊은 의사가 유튜브를 통해서 있는 그대로 코로나의 심각성을 알렸다. 그러나 중국 정부는 갖가지 협약과 회유로 입막음하기에 급급했다. 중국에서는 언론 통제와 더불어 SNS 같은 개인 미디어들도 통제하고 있어서 지역의 소식이 제대로 전달되지 않는다. 철저한 감시 사회가 코로나를 이렇게 키운 숙주가 된 것이다.

중국은 미국과의 패권 경쟁에서 미국을 이기기 위해서 안팎으로 몸부림치지만, 결국 열린 사회가 닫힌 사회를 이길 것이다.

무지와 방임도 죄이다

그동안 우리가 당연히 한 것들에 대해서 의문을 가지고 살지 않는 것도 죄이다. 그것을 알고도 다르게 살지 않은 것도 죄이다. 그동안 인류 문명의 발달은 인간이 인간을, 그리고 자연을 착취하여 더 많은 것을 소유하고 소비하는 쪽으로 흘렀다. 지금 우리가 사는 자본주의는 누가 따로 발명한 것도 아니다. 인간의 욕망에 대한 합리화를 법적으로 인정해 주는 제도이고, 공산주의 체제를 이기고 살아남은 현재까지 우리가 살아가는 바탕이 되는 유일한 경제 시스템이다.

그러나 내리막길을 달리는 자전거는 언젠가는 멈출 것이다. 그것이 코로나 같은 팬데믹 때문일지, 아니면 지구 온난화로 인한 자연재해일지, 핵전쟁일지는 아무도 모른다. 다만, 코로나 같은 팬데믹이 한 번 오고 난 뒤에 사람들은 아마도 이를 우연으로 생각하고 아무 일 없었다는 듯이 다시 일상으로 돌아갈 것이다. 그러나 코로나 같은 바이러스는 더 자주 올 것이라는 게 많은 학자의 공통된 의견이다. 이런 코로나 같은 난리가 또 오면 정신을 차리고 우리 삶의 패러다임이 바뀔까, 아니면 자전거가 내리막길에서 전봇대에 부딪힐 때까지 달려가 봐야 아는 것일까. 그건 아무도 모른다.

유대인 출신으로서 나치를 피해 미국으로 망명했던 정치 철학자 한나 아렌트는 1951년 그녀의 저서인 『전체주의의 기원』에서 유대인 수백만 명을 죽음의 학살 수용소로 이송시킨 책임자인 아돌프 아이히만이 악마적 본성을 지닌 흉포한 인물이 아니라 '생각할 능력이 없는 평범한' 관료였다고 주장한다. 우리도 평범함이라는 생각에 속아서, '남들이 다 그렇게 하니까', '나는 무지하기 때문에'라고 생각하며 무임승차할 수 있다. 그러나 때로는 무지도 죄이다.

우리는 코로나로 인해서 변화하는 결과에 주로 주의를 쏟는 경우가 많다. 코로나로 인한 사회적 거리 두기와 언택트 사회, 디지털화 등의 결과로 인한 우리의 뉴노멀에 신경을 쓴다. 하지만 그보다도 우리는 근본적인 원인에 대해서 고민해야 한다. 시스템적 사고법을 적용해 보면 우리는 원인이 아닌 결과에만 신경을 쓴 나머지 코로나바이러스의 출현을 어떻게 피할까에만 신경 쓴다는 것을 알 수 있다. 그러나 그보다는 코로나가 발생한 원인과 우리의 맥락을 잘 읽어야 한다. 코로나와 관련된 원인을 적어도 5번을 자문해 보아야 한다(5why 기법). 그러다 보면 근본적인 원인과 만날 수 있다. 코로나가 지나가도 항상 다른 바이러스가 나오므로 우리는 근본적인 원인을 알아야 한다.

여섯 가지 참회

내가 생각해야만 하는데도 생각하지 않은 것과

말해야만 하는데도 말하지 않은 것

행해야만 하는데도 행하지 않은 것

그리고 내가 생각하지 말아야 하는데도 생각한 것과

말하지 말아야 하는데도 말한 것

행하지 말아야 하는데도 행한 것

그 모든 것들을 용서하소서.

– 젠드 아베스타[기원전 6세기경, 페르시아 조로아스터 경전의 기도문,
신과의 인터뷰(류시화 시집『사랑하라 한번도 상처받지 않은 것처럼』
중에서)]

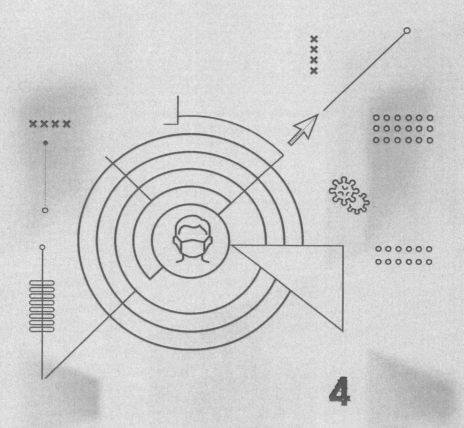

뉴노멀, 어떻게 살아야 하는가 2

창의적 교육

코로나로 인해 교육 방식이 변화하는 측면과 더불어서, 이제는 교육 방식의 패러다임에도 변화가 필요하다. 온라인 교육의 추세가 강화되면서 온라인 교육으로의 전환도 중요한 변화이다. 더 중요한 것은 4차 산업의 도래로 이제는 지식을 쌓는 교육의 시대는 가고 창의성이 필요한 교육이 절실하다는 것이다. 『2035 일의 미래로 가라』의 조병학, 박문혁 저자는 인간은 인공지능이 가져간 일 대신 우뇌로 할 수 있는 감성적이고 창조적인 일을 해야 한다고 한다. 또한, 집단 지성을 이용한 인간들의 협동이 필요하다고 한다.

4차 산업혁명의 가속화로 인해서 대량 생산하듯 만들어내는 교육 방식은 더이상 작동하지 않을 것이다. 이제 스마트폰으로 모든 지식에 순간적인 접근이 가능해지면서, 지식을 외우는 것보다는 정보에 접속하고 이를 활용하는 게 중요하다. 특히, 창의성이 중요한 미래의 교육에서는 교육 기관에만 의지하는 것은 무리이다. 대학 교육 역시 예전처럼 간판만 가지고 취직하여 평생 먹고살던 시절은 끝났다. 전문직 또한 자격증만 따서 평생 편하게 사는 시절이 끝날 수도 있다. 인공지능이 그 자리를 차지할 날이 머지않았다.

유대인들이 하는 하브루타 교육처럼 질문하고 토론하여 통찰력을 기르는 훈련이 필요하다. 한국의 교육은 주로 지식을 주입하다 보니 질문할 여유가 없다. 그런 교육 문화에서 배우다 보니 질문하고 생각하고 비판적 성찰을 하는 게 어색하다. 예전에 오바마 대통령이 방한했을 때 한국 대학생들에게 강의하고 질문을 했는데 아무도 질문하지 않는 것을 보면서 이게 한국의 교육문화를 보여 주는 단면이라고 생각했다.

이제는 '왜?'라는 질문을 던지는 게 중요하다. 모든 것을 의심하고 질문해야 남들과 다르게 볼 수 있고 창의성을 가질 수가 있는 것이다. 애덤 그랜트는 『오리지널스: 어떻게 순응하지 않는 사람들이 세상을 움직이는가』에서 벤저민 프랭클린, 아인슈타인, 스티브 잡스 등 시대의 흐름을 바꾼 사람들에게는 세 가지 공통점이 있다고 말했다. 첫째, 호기심이 많고, 둘째, 대세에 순응하지 않고 반항적이며, 셋째, 위계질서에 맞설 만큼 잔인하게 정직해서 위험을 무릅쓰고 자기 신념을 관철한 것이 그것이다.

우리는 정답만 요구하는 사회에서 사지선다형 문제에서 답을 찾는 교육만 받다 보니, 4차 산업이 도래한 이후로는 정답을 찾기가 어렵다. 우리는 우리의 주관식을 풀어야 하는 시대에 살고 있다. 이제는 누구 것을 베끼는 시대는 지나갔다. 정답이 아니어도 괜찮다. 미국 대학원에서 공부한 나로서는 부담 없이 학생들이 질문하는 것을 보면서 문화적인 차이를 크게 느꼈다.

의심하는 자, 질문하는 자가 되어야 한다. 협상이나 대화에서 질문하는 것은 그냥 대화하는 것보다 10배의 효과를 발휘한다고 한다. 질문할 때는 상대방이 말한 내용에 반박하기보다는 먼저 상대방이 말한 내용에 공감을 표시한 후 다른 부분에 포커스를 맞추는 긍정적인 질문법이 좋다.

예전에는 지식을 축적하는 지능으로만 교육 평가를 하였지만, 이제는 뇌의 다양한 분야를 써야 하는 시대가 오고 있다. 『다중지능: 인간 지능의 새로운 이해』의 저자인 하워드 가드너에 따르면 인간의 지능은 서로 독립적으로 존재하는 적어도 여덟 개의 하위 요소로 구성되어 있다고 한다. 8개의 지능이란 언어지능, 논리-수학 지능, 시간-공간 지능, 음악 지능, 신체-운동지능, 자연 지능, 대인 지능, 자기 이해 지능을 말한다. 이제는 지식만 축적하는 뇌의 시대는 지났고 뇌의 영역들이 다중적으로 쓰이는 시대이다.

이 지능들은 주로 인공지능이 따라 하기 힘든 부분이다. 남들과 차별화하고 기계와 경쟁하지 않으려면 다중 지능을 개발해야 할 것이다.

〈4차 산업 시대에 정보는 넘친다. 지식도 넘친다. 그러나 지혜(창의성)는 부족하다〉

또한, 이제는 평생 배워야 하는 시대이다. 대학에서 배운 지식으로 평생 먹고살던 시대는 끝났다. 현재의 역량에 더해 새로운 역량을 개발해서 한층 더 업그레이드해야 한다. 새로 개발된 역량을 학습해서 업그레이드해야 한다. 무크 등 무료 온라인 사이트가 많이 있어서 자기가 원하는 강의를 언제, 어디서든 들을 수 있는 시대가 왔다.

이어령 교수는 가만히 앉아서 머리로만 생각하는 '넙치'형 인간이나 잠시도 쉬지 않고 세계를 누비는 '참치'형 행동인은 이제 생존하기가 더욱 힘들어지리라고 전망했다. 생명 자본주의 시대에 정말 필요한 유형은 '날치'형이다. 놀라운 변환 능력을 통해 바다 밖으로

힘차게 치솟아 올라 바다와 허공의 경계를 넘나들 때 생명화의 길을 걸을 수 있다.

유네스코(UNESCO: 유엔 교육 과학 문화 기구)에 따르면, 지난 3월 25일을 기준으로 165개국에서 15억 명이 넘는 학생들이 휴교령으로 교육을 받지 못하고 있다. 이는 유아원부터 유치원, 초·중·고등학교 및 대학과 대학원을 포함한 전 세계 교육 기관에 등록된 학생 중 87%가 넘는 학생이 코로나바이러스의 영향으로 학교 수업을 받지 못하고 있다는 말이다. 코로나를 맞이하여 학교는 온라인 수업 체제로 들어섰다.

온라인 수업 체제로 진행하다 보니 미국 버지니아대 류태호 교수는 뉴노멀이 될 '역량 중심 교육'에서는 학생 이해도와 숙달도로 학점이 인정되리라고 전망한다. 학생이 학습의 주체가 되는 뉴노멀로 인해 일정 수강 일수만 채우면 다음 학년으로 진급하는 지금의 시간 중심 카네기 학점 방식에 대한 문제가 제기될 것이고 해당 수업 내용에 대한 학생의 이해도와 숙달 정도에 따라 상급 학년 진급 가능 여부를 결정하는 '역량 중심 교육 방식'이 뉴노멀로 자리 잡을 것이라고 예상한다. 교육 방식의 변화에 따른 빠른 적응도 요구되고 있다.

보편 소득 제도

유발 하라리는 인공지능이 사람의 일자리를 빼앗아 감으로써 인간 계층에서 '무용 계급'이 등장할 것을 예견했다. 그는 노동자의 임금이 다시 생산된 제품을 구매하는 순환 구조의 경제가 작동하지 않기 때문에 보편 기본 소득제(UBI: Universal Basic Income)를 제안했다. 『Reclaiming Work』의 저자 앙드레 고르도 일의 미래를 연구한 사람으로, 무엇보다 노동력이 과잉 공급되는 노동 시장에 대해 노동 시간 단축, 기본 소득 보장, 문화 사회로의 이행이 새로운 대안이 될 수 있다고 주장한다.

이에 대한 논란은 국가마다 코로나 이전부터 있었고, 일부 국가에서는 이미 시행 중이다. 한국의 경우에는 성남시에서 청년들에게 기본 소득을 제공하고 있다. 이번 코로나를 계기로 각국에서는 재난 기금을 마련해서 국민들에게 긴급 자원을 나눠주고 있다. 일종의 보편 소득 제도의 일환인 것이다. 미국에서는 엄청난 규모의 재정을 투여해서 기존의 실업 수당에 더해 주당 600불을 연방 정부에서 주고 있으며, 'PPP', 'Disaster loan' 등 기업들에 대해서도 천문학적인 돈을 쏟아붓고 있다. 코로나로 인해서 보편 기본 소득 제도가 더욱 친숙해지고 있으며 앞으로 이와 같은 팬데믹과 일자리 감소로 인한 보편 소득에 대한 논의는 더욱 활발해질 것이다.

앤디 스턴은 자신의 저서 『노동의 미래와 기본소득』에서 기본 소득 도입이 필요한 이유로 생산과 서비스에서 자동화의 도입이 고용

량 축소로 이어질 게 자명하기 때문이라고 했다. 금융, 제조업, 호텔, 의료업, 요식업, 저널리즘, 유통업 등 수많은 생산·서비스 분야에서 필요한 '인간 노동자'의 수가 점차 감소할 것으로 예측한다. 이는 곧 이 분야에서의 대량 실직 또는 실직자 대중 양산이라는 디스토피아를 의미한다.

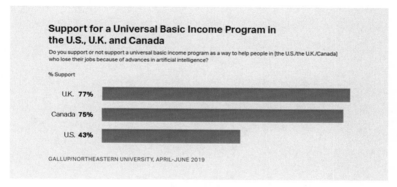

〈기본 보편 소득에 대한 지지도 조사〉[20]

논란이 되는 이슈 중의 하나는 보편 소득으로 인해 사람들이 일하지 않으려는 생각이 들지 않도록 지급 규모는 최소한이어야 한다는 것이다. 먹고살기에는 충분하지만 안락한 생활을 누리지는 못해야 일을 할 동기가 생긴다. 긍정적인 면은 이렇게 보편 소득이 있으면 안전망이 있으므로 좋은 아이디어가 있으면 창업할 수 있고 이

---

20 출처: 갤럽/노스이스턴대학교.

렇게 생겨난 기업들은 고용 창출을 하여 경제에 도움이 된다는 점이다. 시간이 지남에 따라 기계가 점점 더 많은 일을 빼앗아 갈 수도 있지만, 당분간은 인간의 노동이 존재할 것이다. 하지만, 인간의 노동이 극단적으로 없어질 순간이 오면 인간이 생산 요소로서 일하고 싶어도 못할 경우가 생길 것이다.

인공지능과 로봇으로 인한 일자리의 감소로 인해서 보편 소득을 주자는 논의가 이루어지면서 재원 충당을 위해서 로봇세 또는 디지털세를 도입하자는 국가들이 생겨나고 있다. 미국 전 노동부 장관인 로버트 라이히는 "왓츠앱은 미국 경제에서 잘못된 모든 것."이라고 묘사한다. 왓츠앱이 나쁜 기업이라서가 아니다. 거대 IT 기업들이 일자리를 창출하지 않았기 때문이다. 로봇세 또는 디지털세는 영국, 프랑스, 이탈리아 등의 EU에서 논의되고 있으며 미국 IT 공룡들에게 부과하기 때문에 트럼프 대통령은 관세 보복을 한다고 으름장을 놓는 중이다.

구글, 페이스북과 같은 IT 업체들이 국경을 넘어서 막대한 돈을 벌어들이면서도 제대로 세금을 내고 있지 않다는 지적에 따라 이들 기업이 벌어들인 수익의 일정 부분에 과세하자는 것이다. 프랑스는 이미 디지털세를 도입했으며, 영국, 이탈리아, 오스트리아, 터키 등도 부과를 검토 중이다.

시간이 지남에 따라 한국 경제의 노동 집약도가 떨어지기 때문에 조세 제도도 노동 중심에서 자본 중심으로 옮겨가는 것을 검토해야 한다. 정부 재원은 대부분 근로자와 고용주가 동시에 부담하는 소득세에 의존하고 있다. 이런 식으로 근로에 대해 과세하면 고도로 자본 집약적 또는 기술 집약적인 기업들에게 무임승차를 허용하는 꼴이 된다. 그러니까 이들이 시장과 제도로부터 이익은 누리면서 사회 전체를 떠받치는 데에 필수적인 사업에 기여해야 하는 의무는 피해갈 수 있다. 조세 부담이 노동 집약적 산업과 업체에 많이 부과되면 이는 인간의 노동이 가능한 모든 분야를 자동화로 대체하려는 인센티브로 작용할 것이다. 노동 집약적인 회사보다 기술 집약적이고 플랫폼 비즈니스에 더욱 세금을 부과해야 한다.

또한, 『21세기 자본』의 저자인 경제학자 토마스 피케티는 부의 초집중을 막으려면 개인 재산 축적을 제한해야 한다고까지 얘기한다. 그는 부유세를 최고 90% 물려야 하며 대기업들의 주식 의결권 10% 제한 등 급진적인 아이디어를 제안한다. 금융 자본의 세계 이동은 수익을 좇는 괴물처럼 사회를 피폐화시킨다. 피케티는 부유세 및 상속세율을 통해 부를 거둬들인 뒤, 청년들에게 12만 유로(약 1억 6천만 원)의 재정적 지원을 하는 데 사용해야 한다고 제안한다.

남을 위한 삶도 일이다

노동의 종말은 피할 수 없는 현상이다. 누구나 자신의 의지나 의도와는 상관없이 불가항력적인 힘에 휩쓸려서 생산 현장에서 내쫓길 수 있다. 이미 전 세계에서 비일비재한 일들이다. 리프킨은 대량 실업을 막고 실업과 고용 문제의 원활한 해결을 돕는 것을 전제로 인간의 가치와 사회적 관계의 재정립을 요구한다. 생산성을 중시하는 시장경제 사고에서 벗어나 봉사, 연대, 친밀감 등 인간다움을 회복하는 것을 기반으로 일자리 나누기와 제3 부문(비영리 사회활동)을 강화해야 한다고 외친다.

칸트의 목적론적 인간관을 다시 주목할 때다. 공리주의의 최대 다수를 위한 개인의 희생과 취약 계층의 희생이 아닌 인간 그 자체가 목적이 되어야 한다. 기존의 시간 활용은 생산을 하기 위한 여가 사용이나 생산을 위한 휴식이었다. 재화의 생산을 위해서 인간은 생산하기 위한 생산의 요소(호모 프로듀스쿠스)로, 그리고 경제를 돌리기 위한 소비하는 인간(호모 컨슈러리쿠스)으로 봐 왔다. 그러나 로봇이 일자리를 가져가고, 할 일(생산)이 없는 상황에서는 자아, 사회적 가치 추구를 위한 인간관으로 변화해야 한다.

BA(Before Corona)
: 이윤을 위한 제품 및 서비스를 생산하고 소비하는 인간관

AC(After Corona)
: 기존의 이윤 추구 제품 생산 뿐만 아니라, 사회적 가치(남을 돕는 일)를 추가하고 도움을 받을 수 있는 인간관

앞으로는 일의 정의도 바뀌어야 한다. 그동안에는 제품과 서비스를 생산하는 노동만을 일로 규정했다면, 남을 위한 봉사나 취미활동도 일로 규정해야 한다. 사회적 자본(social capital)을 키워야 한다.

남을 돕는 문화, 자원봉사가 원활한 문화를 만들어야 한다. 이는 물질적으로만 잘산다는 의미가 아니라, 공동체가 회복되고 인간다움이 회복되는 길이다.

필자가 하는 여러 개의 일 중에도 사회봉사 일이 있다. 미국의 노숙자 문제에 관심이 많아서 지역의 한 단체에서 일하는 중이다(OC United). 그리고 환경 분야, 대안 소비문화에도 지속적인 관심과 참여 활동을 하고 있다. 일을 꼭 이윤을 남기는 노동으로만 생각해야 하는 시대가 지나가고 있다. 무언가 사회에 가치를 더하는 것도 일이다. 개인의 사리를 위한 것을 숭배하는 것이 아닌, 사회적 가치를 추구하는 삶을 우대하는 문화가 되어야 한다.

〈좌: 홈리스 셸터에서 진행하는 멘토링 강의 모습/ 중: 멘토링 강의 배너/
우: 한때는 홈리스였다가 지금은 월마트에 'Mechanic'으로 취직하여 잘 살고 있는
나의 친구 Mark. 아직도 연락하는 사이이다〉

100세 시대를
대비하라

   코로나 같은 전염병의 출현으로 사망자도 늘겠지만, 전반적으로
는 수명이 늘어난 사회에서 살 것이다. 미국의 경우에는 생명 보험
에 가입하면 평균 수명을 120년으로 예상하고 가입한다. 오래 살
게 되었는데, 이제 먹고사는 문제가 큰일이다. 한국 같은 경우에는
50대에 퇴직하는 것이 보편화되어 있다. 앞으로 살날은 40~50년
이상 남았는데, 그만큼 사회 보장 제도가 완벽한 것도 아니고, 자
녀 결혼 자금, 노부모 봉양을 해야 하는 소위 낀 세대들은 미래가
암담할 것이다.

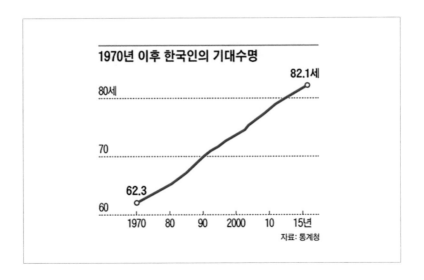

기존의 우리는 '교육-일-은퇴'라는 3단계의 삶을 살았으나, 수명이 100세 이상으로 길어지면 다단계의 삶으로 살아야 할 것이다. 린다 그랜튼은 『초예측: 세계 석학 8인에게 인류의 미래를 묻다』에서 노후에는 세 가지 자산이 중요함을 알렸다. 첫 번째 단계에서는 교육을 받고, 두 번째 단계에서는 직업 활동을 하고, 세 번째 단계에서는 퇴직을 하는 3단계의 삶의 밀집 대형에서 확실성, 예측 가능성이 이제는 작동하지 않을 것이다. 평균 수명이 짧았던 시대에는 은퇴 후를 대비해 부동산이나 금융 자산을 축적하는 게 합리적이었으나, 수명이 늘어나면 재산을 모으기 보다는 지금보다 오래 일하기 위한 자산을 축적해 두어야 한다고 조언한다. 그 자산이란 바로 생산 자산, 활력 자산, 변형 자산으로 구성되는 무형 자산으로, 특히 4차 산업 시대에는 평생 자신을 변화시킬 수 있는 능력, 즉 변형 자산이 제일 중요하다고 생각한다. 변할 수 있는 사람만 생존할 수 있다. 미래학자 앨빈 토플러는 "21세기의 문맹은 읽고 쓸 줄 모르는 사람이 아니라, 배운 것을 잊고 새로운 것을 배울 수 없는 사람이다."라고 말했다. 변화에 민감하지 않으면 그 누구도 살아남을 수 없다는 경고다.

　　결국에는 끊임없이 새로운 것을 배워야 한다. 시간을 어떻게 잘 활용하느냐에 따라서 노후의 질의 결정될 것이다. 배움에도 단기, 중기, 장기 계획이 필요하다. 필자의 경우에는 중장기적으로 공부하고 싶은 분야를 선정해서 지속해서 공부한다. 지난 2년간은 4차 산업혁명을 주제로 부지런히 공부하면서 책을 읽고 글을 썼다. 그리고 내가 컨설팅하는 분야의 새로운 법규들 —필자는 미국에서 식품 관련 FDA 컨설팅을 하고 있다— 공부를 짬짬이 하고, 무크, 코세라 등에서 강의도 듣고, 여러 가지 자격증 등 공부를 쉬지 않고 하고 있다.

사람들은 시간이 없다고 말하지만, 공부는 습관이다. 하루의 시간 중에서 일정 시간은 독서와 공부용 시간을 떼어 놓는 것이 좋다. 필자 같은 경우에는 차에서, 또는 화장실에서 있는 몇 분간의 시간도 앱을 이용하여 독서를 한다. 이번 코로나 기간에도 사람들은 집 안에서 멍하니 시간을 보내거나 드라마를 보면서 시간을 죽이고 있지만, 유익한 곳에 생산적으로 시간을 써야 한다. 코로나가 끝나면 이 휴식 기간에 시간을 어떻게 활용했느냐에 따라서 개인 간의 성장과 사업의 방향이 달라질 것이다.

혼자가 안 되면 같이 공부하고 나를 자극해 줄 공동체가 필요하다. 요즘은 각자의 취미와 기호에 따라 온라인 및 오프라인에서 모임을 만들기가 쉬워졌다. 새로운 분야의 사람을 만나서 나를 자극하는 것도 나를 발전시키는 좋은 계기가 된다. 이런 새로운 우연한 만남을 통해 새로운 아이디어를 얻어서 비즈니스도 하고 나의 지경도 넓어질 수 있다.

요즘 노인들은 예전의 노인들이 아니다. 예전에는 60세가 넘으면 환갑잔치를 열고 죽을 날이 얼마 안 남은 노인 취급했지만, 지금 60~70대 어른들은 젊게 사신다. 진화생물학자들은 이러한 현상을 두고 니오터니(Neoteny)라고 부른다. 니오터니란 어른이 되어서도 청소년 시기의 특징을 유지하여 유연성과 적응성을 갖고서 관습에 얽매이지 않는 것을 의미한다. 나이가 청춘을 규정하는 것이 아니라 청춘은 삶의 자세이고, 생각이 젊으면 청춘인 것이다. 또한, 나이와 단계가 더 이상 일치하지 않기 때문에 연령이 달라도 각자의 취미나 기호로 중심이 된 모임이 증가하면서 세대 간의 교류도 증가할 것이다.

최근 한국에서 시니어 모델로 활동하는 김칠두 씨의 인터뷰를 보면서 마음속에 울림이 일어났다. 그는 순댓국 가게 사장을 하다가 장사가 안되어서 문을 닫고 60세가 넘어서 모델 업계에 뛰어들었다. 현재 65세인 그는 인터뷰에서 이런 말을 했다. "내 심장은 여전히 불타고 있다. 난 행정적으로 노인일 뿐이다."

종교 영역의 뉴노멀

먼저, 종교들이 공간 신앙에서 탈피할 것으로 보인다. 특정 장소에 구애받지 않고 자신이 있는 곳에서 신을 섬길 수 있는 단계로 갈 것이다. 또한 성과 속이 구분과 영역이 허물어지면서 일상 속의 영성을 필요로 한다. 모든 종교의 신앙 체계가 나의 삶의 가치관이 되지 못하고 기복이 되어버렸다는 한계가 코로나를 통해서 시금석이 되었다. 남의 안전을 무시하는 종교는 기복 신앙의 한계를 벗어나지 못할 것이다.

『종교가 나에게 말을 걸어올 때: 죽음, 삶에 답하다』의 김봉현 저자의 말이다. "종교는 거짓 희망을 파는 곳이 아니라 진리를 추구하는 곳이다. 깨달음을 찾고 사랑을 추구하며 바르게 살아가는 삶을 권면하는 곳이 종교인데, 기복 신앙과 같은 거짓 희망을 판다."라는 비판이다.

그는 이에 더해 "종교는 사람에게 유익한 것이다. 종교는 진리, 성숙, 공의, 사랑에 대한 것이기 때문이다. 하지만 우유가 그런 것처럼, 종교도 상온에서 쉽게 부패한다. 그래서 부패한 종교를 접한 사람은 마치 썩은 우유를 마신 것과 같은 불쾌한 경험을 한다. 이런 경험이 있다면 종교를 확인하는 습관을 지녀야 한다. 서늘한 곳에 보관되었는지, 유통기한과 소비기한은 언제까지인지를 말이다. 나아가 미심쩍은 부분이 있다면 조심스럽게 냄새를 먼저 맡아 확인하고, 천천히 맛을 봐야 한다."라고 한다.

또한, 교조화의 위험성을 극복해야 한다. 무조건 믿으라고 하고 무엇을 믿는지 의심하지 않는 신앙은 위험하다. 원래 종교는 죽음, 진리, 인간, 세상, 삶에 대해 질문을 던지고, 그에 따른 대답을 찾아 나서는 것이다.

독일의 신학자인 폴 틸리히의 신학은 새삼 4차 산업 시대에 적합한 패러다임이라고 본다. 경계선의 신학이면 지금과 같은 불확실하고 모호한 상황에서 우리는 질문하고 의심해야 한다. 우리의 '궁극적 관심'을 통해서 인류가 가는 방향을 찾아야 한다. 이러한 코로나 같은 불확실성은 배척해야 할 대상이 아니라 오히려 그것을 적극적으로 받아들이는 용기를 지닐 때, 우리는 신앙의 역동성(Dynamics of Faith)을 구현할 수 있다는 게 폴 틸리히의 주장이다. 신학자 위르겐 몰트만은 "미래는 현재를 결정한다."라고 했다. 우리는 지금 바뀌지 않으면 안 된다. 그리고 우리의 종교는 세상에 희망을 주는 역할을 해야 한다.

마치며

4차 산업 시대와 뉴노멀의 파도타기

4차 산업의 도래나 코로나 이후의 뉴노멀을 피할 수 없다면 파도에 올라타야 한다. 아직도 사람들은 이를 일시적인 고통으로 생각하고 빨리 벗어나고 싶어 한다. 그러나 이 사건은 우리에게는 'BC(Before Corona)/AC(After Corona)'라는 나이테를 만든 것이다. 앞으로의 미래는 누가 이 코로나 기간 동안 새롭게 날을 갈고 준비하느냐에 따라 성패가 좌우될 것이다. 이를 위해서는 적을 두려워하지 말고 적을 공부해야 한다. 누구는 4차 산업과 뉴노멀의 파도에 그냥 휩쓸려 가지만, 누구는 변화의 파도 위에 올라타서 이를 기회로 삼는 사람이 있다. 이는 우리가 이러한 위기의 시간에 어떻게 준비하고 살아내냐에 달린 것이다.

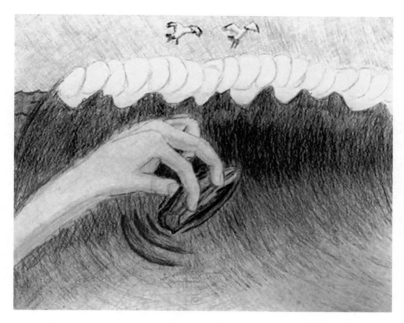

〈필자의 아들이 학교 숙제로 그린 그림. 파도 타는 서퍼를 손으로 표현한 특이한 그림이라 올렸는데, 우리도 코로나와 4차 산업의 파도를 잘 타야 하지 않을까〉

우리는 인공지능과 대결하면 안 된다. 인공지능에 맞서지 말고 그 지능을 잘 활용해야 한다. 무엇보다도 사람은 신이 만든 특별한 존재이고 디지털 기술은 사람이 만든 것이다. 사람을 대체하는 것이 아니라, 인간의 발전에 쓰여야 한다. 우리는 그러기 위해서 공부하고 이를 적극적으로 활용하여 비즈니스와 개인의 삶을 혁신해야 한다.

또한 코로나 같은 바이러스는 앞으로도 우리를 자주 찾아올 것이다. 본질적인 근본 원인을 바꾸려면 우리 삶의 양식도 바꿔야 한다. 현재 우리가 가진 물질주의, 경제 지상주의적인 사고는 인류를 위험으로 치닫게 할 것이다.

미국은 아직 코로나가 진정되지 않고 있다. 벌써 사망자가 6만 명 이상 나왔고 확진자는 백만 명을 넘겼다. 이 와중에 지친 시민들은 사회적 격리를 해제해 달라고 시위한다는 뉴스도 나온다. 어떤 사람들은 이 기간을 뉴노멀을 위한 준비 단계로, 어떤 사람들은 아무 의미 없이 보내고 있다. 필자가 어릴 적에 본 단군 신화에서는 호랑이와 곰이 인간이 되기 위해서는 100일 동안 쑥과 마늘을 먹으며 동굴 안에 있어야 한다고 했다. 호랑이는 참지 못하고 동굴을 뛰쳐나갔고 곰은 참고 견뎌서 사람이 되어서 단군을 낳았다는 이야기였는데, 그 이야기가 생각난다. 우리도 이 시기를 참고 견디며 의미를 가지고 이겨내야 한다.

이 코로나의 결말은 아무도 모른다. 그 이후의 뉴노멀도 어떻게 될지 모른다. 내가 쓴 이 책은 2020년 4월의 한 단면이다. 또 상황이 어떻게 변화할지는 아무도 모른다.

이 책의 예측 또한 또 틀릴 수 있다. 다만, 코로나 이후에 뉴노멀을 준비하시는 분들은 여기에 나온 여러 가지 주제들을 조합하여 자기의 비즈니스와 개인의 삶에 적용해서 변화를 모색하시기 바란다. 또한 제한된 나의 지식으로 모든 것을 깊이 있게 다루지는 못했으므로 언제든 필자에게 이메일로 지도와 토론을 부탁한다. 부록에는 이 책을 읽고 각자 삶과 일, 공동체에 뉴노멀을 어떻게 적용할지에 대한 워크 시트를 준비했으니, 각자 또는 그룹으로 해 보길 바란다.

마지막으로 시 한 편을 독자 여러분과 나누려고 한다.

우리 시대의 역설

건물은 높아졌지만 인격은 더 작아졌다.
고속도로는 넓어졌지만 시야는 더 좁아졌다.
소비는 많아졌지만 더 가난해지고
더 많은 물건을 사지만 기쁨은 줄어들었다.

집은 커졌지만 가족은 더 적어졌다.
더 편리해졌지만 시간은 더 없다.
학력은 높아졌지만 상식은 부족하고
지식은 많아졌지만 판단력은 모자라다.
전문가들은 늘어났지만 문제는 더 많아졌고
약은 많아졌지만 건강은 더 나빠졌다.

너무 분별없이 소비하고
너무 적게 웃고
너무 빨리 운전하고

너무 성급하게 화를 낸다.

너무 많이 마시고 너무 많이 피우며
너무 늦게까지 깨어 있고 너무 지쳐서 일어나며
너무 적게 책을 읽고, 텔레비전은 너무 많이 본다.
그리고 너무 드물게 기도한다.
가진 것은 몇 배가 되었지만 가치는 더 줄어들었다.
말은 너무 많이 하고
사랑은 적게 하며
거짓말은 너무 자주 한다.

생활비를 버는 법은 배웠지만
어떻게 살 것인가는 잊어버렸고
인생을 사는 시간은 늘어났지만
시간 속에 삶의 의미를 넣는 법은 상실했다.

달에 갔다 왔지만
길을 건너가 이웃을 만나기는 더 힘들어졌다.
외계를 정복했는지 모르지만 우리 안의 세계는 잃어버렸다.
공기 정화기는 갖고 있지만 영혼은 더 오염되었고
원자는 쪼갤 수 있지만 편견을 부수지는 못한다.

자유는 더 늘었지만 열정은 더 줄어들었다.

키는 커졌지만 인품은 왜소해지고

이익은 더 많이 추구하지만 관계는 더 나빠졌다.

세계 평화를 더 많이 얘기하지만 전쟁은 더 많아졌고

여가 시간은 늘어났어도 마음의 평화는 줄어들었다.

더 빨라진 고속철도

더 편리한 일회용 기저귀

더 많은 광고 전단

그리고 더 줄어든 양심

쾌락을 느끼게 하는 더 많은 약들

그리고 더 느끼기 어려워진 행복.

– 제프 딕슨[딕슨이 처음 인터넷에 이 시를 올린 뒤, 많은 사람이 한 줄씩 덧보태서
지금도 시가 이어지고 있다(류시화 시집『사랑하라 한번도 상처받지 않은 것처럼』
중에서)]

코로나와 4차 산업이 가져올 변화에 대한 나의 삶, 가족, 취미생활, 비즈니스(직장), 내가 속한 공동체의 적용 워크 시트

● 각 항목을 생각해 보고 뉴노멀이 가져올 자기만의 답을 달아 보시고, 가족들, 동료들과 이를 나누어 보세요. 나눌 분이 없으면 저자에게 보내 주세요(nofearljc@gmail.com).

● 준비 정도 평가: 1에서 10까지 평가하고 높은 점수일수록 준비가 잘된 것입니다.

● 점수가 낮으면 어떻게 올린 것인지 아이디어를 브레인스토밍하시기 바랍니다. 개인보다는 그룹으로 하는 게 좋습니다.

항목	삶 (의식주)	가족	취미생활	비즈니스 (직장)	내가 속한 공동체	친구	기타
언택트 (비대면) 사회							
디지털화							

인공지능 과 로봇							
로컬화							
일자리 감소							
고령화							
친환경 모색							
개인주의							
삶의 의미							
자아실현							
정신적 스트레스 (우울증)							
양극화 문제							
기타 뉴노멀들							

코로나와 4차 산업의
뉴노멀과 SWOT 분석[21]

● 뉴노멀 영역: 언택트 사회, 디지털화, 로봇화, 인공지능, 빅 데이터, 로컬화, 기타

● 뉴노멀 ＿＿＿＿＿＿＿＿＿ 와 나의 SWOT 분석

Strength(강점):	Weakness(약점)

Opportunity(기회)	Threat(위협)

나의 전략: 강점은 살리고, 약점은 보완하고, 기회는 이용하고 위협은 피하기로. 어떻게 나는 이것을 적용할 것인가?

부록 3
5Why 사고 기법

● 나는 왜 _____ 하는가(또는 못하는가)?

● 첫 번째 'Why'에 대한 답에 다시 '왜?'라고 질문합니다. 5번의 '왜?'라는 질문을 함으로써 근본적인 원인을 찾게 됩니다.

첫 번째 Why	
두 번째 Why	
세 번째 Why	
네 번째 Why	
다섯 번째 Why	

참고 문헌

— 권광현, 박영훈 공저, 2017, 『디지털 노마드: 직장 없이 자유롭게 돈 버는 사람들』, 서울: 라온북.

— 권업 저, 2019, 『없어서 창의적이다: 설계도를 버려서 더 강해진 무일푼의 창조자들: 진짜는 빈손들이 만들었다』, 서울: 쌤앤파커스.

— 김난도, tvN Shift 제작부 공저, 2020, 『트렌드 로드: 뉴욕 임파서블』, 서울: 그린하우스.

— 김봉현 저, 2020, 『종교가 나에게 말을 걸어올 때: 죽음, 삶에 답하다』, 파주: 넥서스.

— 김주환 저, 2011, 『회복탄력성: 시련을 행운으로 바꾸는 유쾌한 비밀』, 고양: 위즈덤하우스.

— 나심 니콜라스 탈레브 저, 이건 역, 2016, 『행운에 속지 마라: 불확실한 시대에 살아남는 투자 생존법』, 서울: 중앙books.

— 대니얼 Z. 리버먼, 마이클 E. 롱 공저, 최가영 역, 2019, 『(천재인가 미치광이인가) 도파민형 인간』, 서울: 쌤앤파커스.

— 레이 커즈와일 저, 김명남, 장시형 공역, 2007, 『(기술이 인간을 초월하는 순간) 특이점이 온다』, 파주: 김영사.

— 류시화 엮음, 2005, 『사랑하라 한번도 상처받지 않은 것처럼』, 서울: 오래된 미래.

— 리처드 왓슨 저, 방진이 역, 2017, 『인공지능 시대가 두려운 사람들에게: 미래에 우리는 어떻게 살고 사랑하고 생각할 것인가』, 서울: 원더박스.

— 린다 그래튼, 앤드루 스콧 공저, 안세민 역, 2017, 『100세 인생』, 서울: 클.

— 마루야마 슌이치, NHK 다큐멘터리 제작팀, 야스다 요스케, 오니시 하야토 공저, 김윤경 역, 2018, 『자본주의 미래 보고서: 빚으로 산 성장의 덫, 그 너머 희망을 찾아서』, 파주: 다산북스.

— 마틴 포드 저, 이창희 역, 2016, 『로봇의 부상: 인공지능의 진화와 미래의 실직 위협』, 서울: 세종서적.

— 미래창조과학부 미래준비위원회 저, 2016, 『10년 후 대한민국 뉴노멀 시대의 성장전략: 미래전략 보고서』, 서울: 시간여행.

— 빅터 프랭클 저, 이시형 역, 2005, 『죽음의 수용소에서』, 서울: 청아출판사.

— 성유진 저, 2018, 『초연결자가 되라: 세상을 바꾼 창의적인 사람들만이 가지고 있는 비밀』, 서울: 라온북.

— 송인혁 저, 2017, 『퍼펙트 스톰』, 부천: 프레너미.

— 스벤 브링크만 저, 강경이 역, 『스탠드펌: 시류에 휩쓸리지 않고 굳건히 서 있는 삶』, 파주: 다산초당.

— 아카기 도모히로, 아마미야 카린, 가야노 도시히토, 이케가미 마사키, 가토 요리코, 아베 아야 공저, 류두진 역, 2016, 『98%의 미래, 중년파산: 열심히 일하고도 버림받는 하류중년 보고서』, 고양: 위즈덤하우스.

— 애덤 그랜트 저, 홍지수 역, 2016, 『오리지널스: 어떻게 순응하지 않는 사람들이 세상을 움직이는가』, 서울: 한국경제신문.

— 올더스 헉슬리 저, 정홍택 역, 2003, 『멋진 신세계』, 서울: 소담출판사.

— 유기윤, 김정옥, 김지영 공저, 2017, 『미래 사회 보고서』, 서울: 라온북.

— 유발 하라리 저, 전병근 역, 2018, 『21세기를 위한 21가지 제언: 더 나은 오늘은 어떻게 가능한가』, 파주: 김영사.

— 유발 하라리, 재레드 다이아몬드, 닉 보스트롬, 린다 그랜튼, 다니엘 코엔, 조앤 윌리엄스, 넬 페인터, 윌리엄 페리 공저, 오노 가즈모토 엮음, 정현옥 역, 2019, 『초예측: 세계 석학 8인에게 인류의 미래를 묻다』, 파주: 웅진지식하우스.

— 이근, 김상배, 김준연, 임지선, 최준용, 이주호, 박태영, 오철 공저, 2019, 『디지털 사회 2.0: 분권화 트렌드와 미래 한국』, 파주: 21세기북스.

— 이한구 저, 2014, 『카를 포퍼의 〈열린사회와 그 적들〉 읽기』, 서울: 세창미디어.

— 재레드 다이아몬드 저, 김진준 역, 2013, 『총, 균, 쇠』, 서울: 문학사상.

— 제레미 리프킨 저, 안진환 역, 2014, 『한계비용 제로 사회: 사물인터넷과 공유경제의 부상』, 서울: 민음사.

— 제레미 리프킨 저, 이영호 역, 2005, 『노동의 종말』, 서울: 민음사.

— 제레미 리프킨 저, 이희재 역, 2001, 『소유의 종말』, 서울: 민음사.

— 조병학, 박문혁 공저, 2017, 『2035 일의 미래로 가라』, 서울: 인사이트앤뷰.

— 조지 오웰 저, 이종인 역, 2019, 『1984』, 고양: 연암서가.

— 카롤린 엠케 저, 정지인 역, 2017, 『혐오사회: 증오는 어떻게 전염되고 확산되는가』, 파주: 다산초당.

— 캐시 오닐 저, 김정혜 역, 2017, 『대량살상 수학무기: 어떻게 빅 데이터는 불평등을 확산하고 민주주의를 위협하는가』, 서울: 흐름출판.

— 케이티 키퍼 저, 강경이 역, 2017, 『육식의 딜레마: 우리가 먹는 소 닭, 돼지는 어디에서 오는가』, 김포: 루아크.

— 케일럼 체이스 저, 2016, 『The Economic Singularity: Artificial intelligence and the death of capitalism』, Three Cs.

— 토드 로즈 저, 정미나 역, 2018, 『평균의 종말: 평균이라는 허상은 어떻게 교육을 속여왔나』, 파주:21세기북스.

— 토머스 오퐁 저, 윤혜리 역, 2019, 『긱 워커로 사는 법: 원하는 만큼 일하고 꿈꾸는 대로 산다』, 서울: 미래의창.

— 폴 틸리히 저, 2001, 『Dynamics of Faith』, Harper Perennial.